北川達夫×平田オリザ

ニッポンには対話がない

学びとコミュニケーションの再生

三省堂

この対談は、二〇〇七年十二月十六日、二〇〇八年一月二日の両日、
こまばアゴラ劇場にておこなわれた。

目次

北川達夫

フィンランド教材作家
日本教育大学院大学客員教授

一九六六年東京生まれ。高校生のときに儒家の拝師門徒となる。古式にのっとり、四書五経を六年かけて学ぶ。その間、北京・上海・台北などを巡る。早稲田大学法学部卒業後、外務省入省。ヘルシンキ大学歴史言語学部に学び、フィンランド専門官として養成される。在フィンランド日本国大使館在勤（一九九一〜九八年）。在エストニア日本国大使館兼勤。儀典・文化・広報を担当する。

平田オリザ

劇作家・演出家
大阪大学コミュニケーション
デザイン・センター教授

一九六二年東京生まれ。十六歳で高校を休学し、一年半をかけて自転車による世界一周旅行を敢行する。帰国後高校中退。大学入学資格検定試験を経て国際基督教大学教養学部に入学。在学中に劇団「青年団」を結成する。大学三年時に韓国の延世大学に一年間留学。卒業後すぐに、こまばアゴラ劇場の劇場経営者になる。一九九五年に『東京ノート』で第三九回岸田國士戯曲賞を受賞。

KITAGAWA Tatsuo

帰朝後に退官したのち、英・仏・中国・フィンランド・スウェーデン・エストニア語の通訳・翻訳家として活動しつつ、フィンランドで母語科（現・母語と文学科）の教科教育法と教材作法を学ぶ。フィンランドの国語教科書を日本語に翻訳するなど、その教育方法を日本に紹介したことにより、同国において「教育文化輸出の門戸開放者」と称せられる。国際的な教材作家として日本とフィンランドをはじめ、旧中・東欧圏の教科書・教材制作に携わるとともに、日本では全国各地の学校を巡り、グローバル・スタンダードの言語教育を指導している。公益財団法人　文字・活字文化推進機構調査研究委員。OECD・PISA読解力調査専門委員。著書に、

『知的英語の習得術』（学習研究社、二〇〇三）
『「論理力」がカンタンに身につく本』（大和出版、二〇〇四）
『図解フィンランド・メソッド入門』（経済界、二〇〇五）
『フィンランド国語教科書』＊編訳（経済界、二〇〇五〜二〇〇八）
『対話流』＊清宮普美代との対談（三省堂、二〇〇九）
『不都合な相手と話す技術』（東洋経済新報社、二〇一〇）
『フィンランド流「伝える力」が身につく本』（中経出版、二〇一〇）　など。

HIRATA Oriza

代表作『東京ノート』をはじめ、『ソウル市民』『S高原から』など、各国語で翻訳され海外上演の機会が多いのも平田戯曲の特徴。諸外国との合同企画も数多く手がける。日韓国民交流記念事業『その河をこえて、五月』（作・演出）は、第二回朝日舞台芸術グランプリを受賞（二〇〇三年）。桜美林大学教授を経て、二〇〇六年、大阪大学コミュニケーションデザイン・センター教授に就任。国内外での劇作、演出、公演活動とともに、コミュニケーションデザインの教育・研究に携わる。また、日本各地の学校において、対話劇やワークショップを実践するなど、演劇の手法を取り入れた教育プログラムの支援・開発にも力を注ぐ。二〇〇九年十月に鳩山内閣の官房参与に任命される。二〇一〇年、四国学院大学客員教授・学長特別補佐に就任。著書に、

『現代口語演劇のために』（晩聲社、一九九五）

『演劇入門』（講談社現代新書、一九九八）

『芸術立国論』（集英社新書、二〇〇一）

『演技と演出』（講談社現代新書、二〇〇四）

『コミュニケーション能力を引き出す―演劇ワークショップのすすめ』＊蓮行との共著（PHP新書、二〇〇九）など。

装丁・レイアウト◎臼井弘志（臼井デザイン事務所）
写真撮影◎塩澤秀樹
対談収録・校正◎阿里／麻生美香
構成◎石戸谷直紀
協力◎こまばアゴラ劇場／劇団「青年団」

序章

教え込むことの誘惑

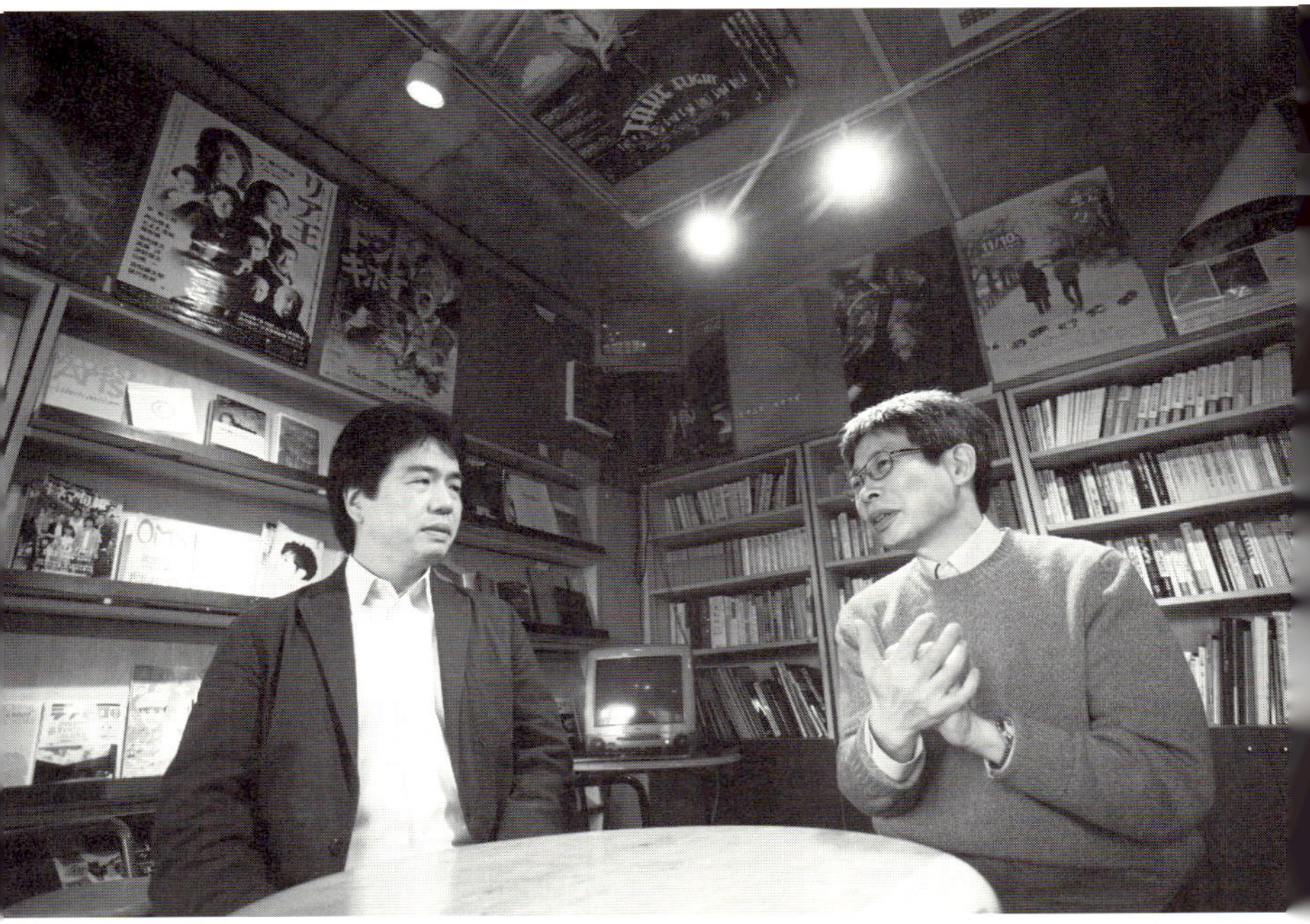

★『フィンランド国語教科書』（経済界、2005〜2007）
——小学４年生用、３年生用、５年生用と順次日本語訳版が刊行されている。

価値判断という学力

平田——北川さんの訳されたフィンランドの国語教科書★を読んで、いちばん感動したのは、三、四年生くらいの教科書だったと思いますけれども、「この文章のなかで、おおげさに言うことがいちばんうまい人はだれでしょうか?」「うそをつくことと、おおげさに言うこととは、どのように違うと思いますか?」という問いでした。ああ、これはすばらしいなと思ったんです。

日本の社会、学校では、うそもおおげさもいっしょくたにされていけないことだと教えられてきたけれども、それがフィンランドでは小学校三、四年生でちゃんと区別して考える学習をやっているわけです。いけませんというのではない。そういう表現、コミュニケーションも世のなかにはあるんですよと。でも、そういう表現が相手にどのように伝わるかは、そのときの関係性のなかで自分たちで考えていくことなんですよと。

★修身――第二次大戦前の教科の一つ。教育勅語（1890年発布、1948年廃止）をよりどころとして、国民道徳の実践指導を目的としたもの。善悪を個別に明示する徳目主義の道徳教育であったとされる。

北川――ご推察の通り、あれにはあらかじめ決められた答えはないんです。話し合っているなかで、「ここまで言われたら自分だったら許せない」「この程度ならば許せる」というラインを子どもたちがそれぞれ決めていくんですね。

そういう葛藤のある、いま平田さんの言われた「うそを言うことと、おおげさに言うこと」や、同じく国語教科書のなかに出てくる、「いじめることと、からかうこと」など、境界線の引き方が個人や社会によって大きく異なってくるような問題が意図的に立てられているんです。それは、話し合いでみんなの意見を聞くことによって他人の価値判断を知ると同時に、自分で価値判断をしていく学力が子どもたちに必要だという考えに基づいているんですね。

ここで大事なことは、もし修身★のような旧来の道徳教育だと、その境界を大人がきっちり決めて、「これはうそつきですよ」と上から教え込むことになるということです。

平田——日本の国語教育は、一面で戦前の修身の代用品みたいにされてきたという歴史があって、どうしても、道徳的な読み取り、あるいは、規範的なことばの学習という傾向を、いまもずっと抱えています。読解力といっても、それが実は、社会の道徳観やその先生の価値観をくみとることだったりする。いま、「読解力」とか「考える力」とか「話し合う力」をほんとうに求めていくのであれば、教える側が、持っている権力を放棄するような覚悟をしないと、学校の先生がまず、既成の価値観や道徳観の教え込みに対して敏感にならないとだめだと思うんです。

桃太郎は鬼を退治すべきだったのか

北川——ヨーロッパの国々の国語の時間では、考える力や話し合う力を育てるために、イソップ童話をよく使います。イソップには必ず「教訓」がありますが、こういうテキストを扱うということの意味は、そのお話に構造としてある「問題」と「解決」を利用して、問題解決型の読解をやるというところにあるわけなんです。

そこに、もともとの教訓をひっくり返すような問いが立てられる。たとえば、「うさぎとかめ」の話では、かめが勝ったから教訓が成り立っているけれども、「じゃあ、この話のどこをどう変えると、この教訓はうまくいかなくなるかな？」って小学校二年生くらいで考えさせているんです。だから、そこにある教訓を道徳的に教えるために使うのではないんですね。

日本でも、「桃太郎」みたいな話が使いやすいと思うんですよ。そもそも桃太郎が直面した問題は何かといえば、まず鬼ですね。そこで、おじいさんとおばあさんに子どもがいないことを問題

「良いか、悪いか」「許せるか、許せないか」を自分で考え、判断していく。そういう経験を子どもの頃から積み重ねる。

5

シンパシーからエンパシーへ
134ページ

として考えてくる子どももいるかもしれません。これはこれでおもしろい材料になります。

　桃太郎は鬼を退治して宝物を奪うという解決手段をとったけれど、「もし、あなたが桃太郎だったらどうしますか？」というふうに投げかけます。解決策はそれだけではないだろうと。そもそも桃太郎のとった解決手段は適切なのかどうか。あなただったら、きみだったらどうしますかと、自分を物語に移入させて解決にあたらせるわけです。「鬼と話し合っていっしょに平和に暮らす方法を探す」とか「退治はするけど宝物はとらない」などというように、ほかにどれだけ解決策を模索できるか、できるだけ発想を広げたなかで、最終的には、自分だったらどうするかを選んでいく。それは小学生にもできる。問題解決型の学習というのはそういうことなんです。

　こういう授業をすると、理屈っぽい子どもを育てることになるのではないかと思われる人がいるかもしれません。また、昔話は声に出して読んで味わうだけでいいのだと、解釈せずに丸ごと味わわせたいという意見もあるでしょう。

でも、それでは、『桃太郎』というお話は、いい人が悪いやつをやっつけた話なんですよ」と教えていることになります。「鬼という悪者がいたならば、それを退治して宝物ぶんどるだけが解決法だ」と教えることになる。

それは、「世のなかには絶対悪というものがあって、それと話し合って平和共存するなどということはありえない」という価値観、勧善懲悪の道徳観の教え込み、刷り込みになりますね。

そのうえ、教える側が、ある観点であらかじめ決めておいた枠のなかで扱おうとした時点で、テキストの持っている潜在的可能性も、子どもたちが自ら考え、話し合っていく可能性や機会も閉じてしまうことになります。

「善意のアドバイス」の落とし穴

北川――フィンランドから日本に帰ってきて、日本の教育現場に入ってみてびっくりしたものの一つに、読書指導があります。それは、先生たちが選んだ本を子どもたちに「いい本として」読ませているということです。先生たちが一生懸命、いままでの知識と経験を駆使していい本を選ぶ、社会的評価が高い本を選ぶ、それはもちろんいいんです。でも、わたしは、「それを読んで、いいか悪いか、好きか嫌いかを決めるのは子どもたちだ」という教育哲学が徹底している国にいたものですから、いい本だという、教師側の価値観、評価をいっしょに子どもに与えていることにものすごく驚かされました。

「子どものうちはそんなに読解力もないし、経験も知識も浅いからそのよさがわからないものだ」とする考え方があるのはわかるんです。押しつけているという意識でやっているわけで

⑨ 教える立場の人間が、「教え込むことの誘惑」を抑えることができるか。

はなくて、むしろ、そういうふうに言う先生たちは、とても熱意がある。「いいものをいいものとして読ませればいい子が育つはずだ」という考えもある。子どものことを思うすごくいい先生なんですけれども、その善意と熱意が、子どもたちに自分の価値観、価値判断を押しつけることになっていることに気がつかない。いい先生としてのまわりの評価も高いから、たぶんそのまま永遠に気がつかないだろうというところに、わたしとしてはものすごくストレスがたまるんです。

それでは、子どもに自分の読みたい本を自由に選ばせておけばそれでよいのかというと、そういうことでもありません。子どもの本についての知識は限られていますし、どうしても興味

内心の自由
18ページ

の方向も偏りがちです。だから、先生は、教育の専門家として、子どものために全力を尽くして本を選び、いろいろな本を読むようにすすめていかなければならない。ただ、その全力を尽くして選んだ本の「よさ」を子どもがわかってくれなかったとしても、それはそれとして受け入れていかなければならないということなんですね。世のなかのすべての人が「よい」と思うものなど存在しないのですから。

「読書をすれば心が豊かになります、だから読書をしましょう」ということもふつうに言われていますが、「他人の心が豊かであるかどうか」の判断がなぜあなたにできるのか、そんなことはあなたが決めることではない、それは子どもといえども個人の内面に踏み込むことだという感覚が、大人たち側にあまりにもないんじゃないかと思うんです。

価値観というものは、ある国や集団の文化の影響を受けながらも、その個人が自分で判断したり経験したりするなかで育てられていくものだということ、したがって、どんな集団や社会にも、いろいろな価値観を持った人がいるんだということを前提として教育を考えていかなければならない。子ども自身が考え、判断していく意欲や力を育てる学習をほんとうに保障していく教育は、そういう部分を認識することからはじまるんじゃないかと思います。

これからはますます個人の価値観が多様化していきます。そういう社会で、ひとりひとりが自分の考えや思いを表現していくことを大切にする場を築いていくためには、いままでよいとされてきた価値の体系であっても、それは一度クールになって

11

自分の信じる「よさ」を受け入れてもらえない。自分自身の価値観が批判的に評価される。人を教えるということは、そういう孤独に耐えていくこと。

見直していく必要があるんです。

表現教育における、対話と熟考のプロセス

平田　それは、演劇教育でもいえることです。平和教育で演劇を使うことがよくあって、そのこと自体はいいんですけれども、たとえば、はじめから、原爆はいけないという前提に立って劇をつくっている。けれども、その前提というのも、ある立場の人にとっては、自分の持っているものとは別の価値観の押しつけでしかないという場合も出てくる。

広島、長崎に原爆が落ちたということは事実なんだけれども、それをどうとらえるかということについてはいろいろな考え方があることも事実なんですね。これからはどんどん、いろいろな国の人たちが日本に働きに入ってきます。そういう多文化社会になればどこでも、中国の子どもたち、韓国の子どもたち、アメリカの子どもたちといっしょに一つの教室のなかで勉強す

深刻な移民問題
176ページ

シンパシーからエンパシーへ
134ページ

るわけでしょう。

韓国人に聞けば、原爆投下というできごとを、自分たちを日本の統治から解放したきっかけとしてとらえている人はたくさんいるわけです。アメリカ人にしてみれば、地上戦で一〇〇万人死ぬところを回避した、日本人とアメリカ人であと一〇〇万人死んだはずのところを二〇万人にとどめたということになるんですね。これは大きなディベートの論題になるはずなんです。

原爆の問題を劇で演じるとすれば、あなたが原爆爆撃機のパイロットだったら、あなたが地上戦に向かうアメリカの兵士の母親だったら、アメリカの大統領だったら、植民地支配されている韓国人だったら、どういう選択をしますかというふうに、それぞれの立場を自分の問題として考えないとほんとうに演じることはできないはずです。少なくとも中学生や高校生だったらそういうプロセスを経なければ、表現にはならないと思うんです。

重層性を失った地域社会
66ページ

わたし自身は、原爆投下は決して、してはいけなかったことだと考えていますし、核兵器は絶対悪だと信じています。しかし、演劇教育をするなら、最初からその価値観を押しつけてはならない。

こういう重い、真剣なテーマを表現活動で扱えば、それは、表現することのリスクを大きく伴うことになるので、その覚悟が必要になります。

たとえば、朝鮮半島の植民地化の問題を劇で扱おうとすれば、「もしあなたが日本人だったら植民地化をしなかったか」ということを、逆に韓国の人にも考えてもらわなくてはならない。それを言うのは勇気がいることです。でも、それが議論ということであり、発言にリスクを負うというところなんです。そして韓国の人にもそのリスクを背負ってもらわないといけない。両方の立場の人がいて共同でつくりあげる演劇の場合は、そこまで突きつめていく必要がある。だから、本来こういった重い

表現すること、表現させることには、必ず「リスク」が伴う。

題材を演劇教育のテーマとして扱うのはなかなか難しい。プロでも手を出しかねる素材です。

わたし自身、中学生と水俣病を朗読劇にするという取り組みをＮＨＫの番組★でやったことがありました。これも重いテーマですが、なぜうまくいったかというと、あれは、その朗読劇をアジアの子どもたちに見せるという、もう一つのファクターがあったからなんです。全国から六人、中学生を集めて劇をつくったんですが、それを、アジア各国から六人ずつ同じように集まってきた中学生たちの前で演じたんですね。

最初に日本の子どもたちに言ったのは、水俣病のことを国やチッソが悪かったと言って朗読劇にするのは簡単だけど、それ

★NHK放送50周年記念番組『未来への航海　42人の環境教室』全7回シリーズの第2回「心で学んだ水俣病〜水俣〜」（NHK教育　2003年10月18日放送）。このときの日本の子どもたちの姿は、その後『NHKスペシャル　15歳・心の軌跡〜水俣病と向き合った中学生〜』（NHK総合　同年11月8日初回放送）としても取り上げられた。

だけだと、豊かな暮らしをしている先進国の中学生であるきみたちが、いま飢えている子どもたちがいる発展途上国の中学生たちに、「だから経済発展よりも環境を優先しなければいけませんよ」と言うことになるんだよという話でした。そういう話を徹底的に繰り返してから創作に臨んだんです。

表現することのリスクを負う覚悟をして、問題をきちんと討議し、しっかり考えて臨むということであればいいんですが、そのプロセスなしに、用意されたメッセージを劇にしていくというのであれば、それはもう表現教育ではないでしょう。それでは従来型の社会科の研究発表と同じです。最初から結論を決めてそれに向かわせるんだったら、表現教育をやること自体に意味がなくなってしまいます。

だから、わたしたち大人は、表現教育をやることによって、演劇活動のなかで、たくさんの議論を積み重ねることを通じて、そこで子どもたちがいろいろな意見を交わしながら、結果として、「どんな難しい問題が起こっても、決して戦争で解決してはいけない」「原爆は絶対に許せない」という子どもたちが育ってくれることを願うしかないんです。でも必ずリスクがある。「原爆投下はやむをえなかった」と結論づけるグループが出てきてしまうリスクもある。そしてわたしたちは、それを覚悟しなければならない。

内心の自由

北川――大切なことだから、いいことだから教えたいけれど、そこを我慢して、子どもたちには自由に考えられるようにしてこそ、ほ

17

どんなに大切で美しいメッセージを含んだ表現であっても、対話のプロセスがなければ、人を説得する力は生まれない。

んとうに自由な表現へとつながっていくんですよね。右向け右、左向け左の教育をやりたいんだったらそうするしかないんでしょうけれど。

平田――でもフィンランドでは、そこに関して、教える側には我慢って感覚がないでしょう、あたりまえのことだから。

北川――我慢という感覚はないですね。それこそ「心とか、考えというものは全員違うのがあたりまえだ」と思っていますから、こう感じなければならないんだ、こう考えなくてはいけないんだという指導は、むしろ、罪に近いんですね。

西洋的な概念といってしまえばそれまでですが、いろいろなことばや宗教や文化や伝統を持った民族がぶつかり合いながら生きてきた過程で、一方の価値観を強制的に押しつけることがどれほど悲惨な結果を生んできたか、それこそ生死にかかわる

「善意のアドバイス」の落とし穴
10ページ
コラム「謝ることは義務ではなく、チャンスである」
28ページ

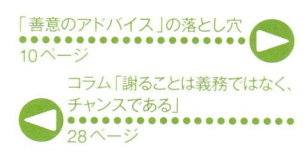

ようなつらい歴史がいっぱいあるわけですね。もちろん日本だってそれを知らないわけではないんですけれども、やはりヨーロッパのほうが、境界線をほんの一歩またいだところに、ことばも文化も宗教もまったく違う人々が住んでいる。そのなかで、自分のことを押しつける、あるいは、押しつけられることの恐ろしさを、ギリシャ、ローマの昔から知っているわけです。

この内心の自由というようなことは、土壌としてあるというか、それよりも、それを認めないことの恐ろしさをヨーロッパの人たちは現実的に実感しているといったほうがいいかもしれません。

価値観の押しつけに無防備な日本人

北川――では、価値観の押しつけの危険さを知っているヨーロッパ人が、自分の価値観を絶対に押しつけない理想的な人たちかというと、そういうことでは全然ない。むしろ、危険さを知りながら、あえてそのリスクを冒して、堂々と、攻撃的に押しつけてくることが少なくありません。とくに、自分たちとは文化を共有しない外国人に対しては激しいですね。というのは、ヨーロッパ人には、価値観の押しつけを嫌う一方で、自分たちの文化には普遍的価値があると信じているという矛盾した部分があって、ある意味では「善意で」押しつけてくるんです。でも、善意だからといって、ありがたがってはいけない。それは、自分たちの文化のほうが相手の文化よりも普遍的な意味で優れているということで、まさに差別的な発想なんですから。

国際会議では、善意ではなく、戦略として価値観を押しつけてくる場合もある。戦争とか歴史的ないきさつからドイツと日本が差別の対象になりやすいんですが、これは会議に参加しているほかの国々の「まあ、あいつらならば差別されてもしかたない」というコンセンサスを得やすいからなんでしょうね。とくに日本人はヨーロッパ人のそういう露骨な攻撃性に慣れていなくて、まったく言い返せなかったり、冷静に対応できなかったりするものですから、完全に子ども扱いされてしまうんですね。そこをさらにつけこまれてしまう。

価値観の押しつけには敏感にならなければいけないんです。相手がぱーんと押しつけてきたら、それをぱーんとはね返す。冷静かつ論理的に、いやみったらしく言い返すのが効果的ですね。相手が戦略的に押しつけている場合には、むしろそうしたほうがものごとはスムーズに運ぶんです。ただ、日本人の繊細な美意識は、こういう険悪なやりとりに耐えられない。精神的にも体力的にももたない。さまざまな価値観をぶつけ合うような教育をしていないので、あまりにも無防備なんですね。

この無防備さは逆の意味で危険なこともある。日本人が価値観を押しつけている場合もあるわけで、その危険さを知らないでいると、相手の反応にとまどうことになりますよ。場合によっては、生命にかかわる問題になるかもしれません。だから、このあたりをしっかりと教育しておかないと、これからの世界を生き抜いていくのは難しくなると思います。

「だめなことはだめ」はだめ

北川――いま、テレビや新聞などで、クレーマーですとか、ゴミの不法投棄、飲酒運転による事故、企業の不祥事などが連日のように報道されて、日本人の道徳観は崩壊してしまった、モラルの欠如をなんとかしなければならないという風潮が出てきています。それを受けて、学校においても「道徳」を正規の教科に据えて、道徳教育をもっと徹底すべきであるという声もあがっています。

家庭教育でも、学校教育にしても、子どもには「だめなことはだめだ」と厳しく教え込むべきだという意見や要請がありますが、わたしは「だめだと言われたからだめなんだ」と思う子どもを育ててはいけないと思っているんです。

なぜいま、PISA型学習なのか
153ページ

「だめだと言われたからだめなんだ」と思う人間を育ててはいけない。もっとも恐ろしいのは、思考を停止させる教育。

23

シンパシーからエンパシーへ
134ページ

平田――「人に迷惑をかけない子どもに育てたい」「人を傷つけたりしない子にしたい」という願いはだれにでもあります。しかし、芸術家の立場で言うと、表現や芸術というのは、人を傷つけたり、人に迷惑をかけたりするものなんですね。そういうことをする自分をちゃんと見つめるのがプロの表現者や芸術家の役割だとぼくは思っています。

演じるということをとっても、たとえば、人殺しの役を演じるというのは、人殺しの役になりきるということではなくて、自分は人を殺さないけれども、殺すとしたらどういう自分だろうかということを突きつめていくことなんです。これはほんとうはつらいことなんですね。自分の心のなかの闇を見つめると

★ナチズム：Nazism ――第一次大戦後、ヒトラーを党首としてドイツに台頭したナチス政党がとった政策のこと。ナチスはユダヤ人排斥などを唱えて支持を拡大し、政権を掌握すると、反民主主義、反自由主義、全体主義に基づく独裁政治を断行した。

いうことですから。

ぼくは、学校教育でも、そういう人生の闇の部分を全部排除してしまうのではなくて、「人間は人を殺すんだ」と、「人を傷つけるんだ」「ではなぜそうなってしまうのだろうか」ということを、そういう闇の部分を発達段階に応じて考えさせていくべきだと思っているんです。無菌培養で育っていくと、何かあったときにぽきっと折れてしまう。「だめなものはだめだ」と言ってきて、そういう思考停止状態でいて、だめなものがだめではなくなった局面になったときに、ナチズム★みたいなことになってしまうわけでしょう。「だめなものはだめだ」は完全に思考停止じゃないですか。

北川――いま世界をみると、民族の生き残りをかけて戦争をやっている人たちがまだたくさんいます。そういう人たちに、単に「人を殺すことは悪だ」と言ってみたところで、通用しません。もちろん本人たちだって、喜んで殺し合いをしているわけではない。

しかし、対立する異民族を全滅させなければ、自分たちが全滅させられてしまうという考え方をする人たちと話すときに、「あなたたちのやっていることはまちがっている」と決めつけるだけではなんの解決にもならないどころか、話し合いの前提すら成り立たないんですね。

「戦争はだめだ」と言っていても、現実に戦争は起こっているし、これからも起こりうる。「なぜ戦争はだめなのか」「なぜ、だめだとわかっていても、戦争が起こってしまうのか」を考えていくようにしないと、問題解決の糸口すら見つからない。「だめなことはだめ」という思考停止の道徳教育からは何も生まれないと思います。

社会変化に対応する人間を育てる教育は、
従来の価値観を無批判に受け入れるのではなく、
さまざまな価値観に触れながら、
ひとりひとりが自ら価値判断していくような
学びの場を創出するところからはじまる。

謝ることは義務ではなく、チャンスである

北川達夫

悪いことをしたら謝る——これは万国共通の道徳のように思うかもしれません。確かに、謝るという行動だけを表面的に見れば、万国共通の道徳といえるでしょう。しかし、その行動の背景にある発想は文化によって大きく違います。日本人は往々にして、悪いことは悪いんだ、謝るのは当然の義務ではないか、と考えがちですが、この発想は必ずしも万国共通のものではないんです。

ヨーロッパの道徳教育では一般に、「謝ること」と「許すこと」を小学校一年生から習います。

人間とは不完全なものであるから、無意識のうちに悪いことをしてしまうこともあるし、意識的に悪いことをすることもある。たとえば、だれかに迷惑をかけたとわかっていても、人間とは不完全なものであるから、相手に謝ることは難しい。また、迷惑をかけられたほうも、やはり不完全なものであるから、相手を許すことは難しい。このように「謝ること」と「許すこと」の難しさを確認したうえで、「謝ること」と「許すこと」は人間に与えられた最後のチャンスなんだと教えるんですね。不完全なものである人間はどうしても悪いことをしてしまうから、相手に謝り、相手を許すことによって生きていけるというわけです。

ここで重要なのは、謝ることにせよ、許すことにせよ、あくまでもチャンスであって、義務ではないということ。つまり、相手に謝るかどうか、相手を許すかどうかは、最終的には本人の選択にまか

されているんです。ヨーロッパの道徳教育においては、この「謝ること、許すことは義務ではなく、チャンスである」というのはとくに強調されている点です。

この指導の背景について、かつてはキリスト教の教義に結びつけられることが一般的でしたが、最近では表現教育と結びつけて説明されることが多くなっています。

つまり、謝罪することを選択したのならば、状況を正確に解釈し、謝罪の目的と対象を明確にしたうえで、効果的に謝罪の意を「表現」する方法を教えていくんですね。ただし、たとえ相手が子どもであっても、たとえ悪いことをしたのが事実であっても、その内心に踏み込んで表現を強制することは許されないというわけです。あくまでも謝罪するチャンスを与え、最終的な選択は本人にまかせるんですね。

内心の自由
18ページ

この発想を象徴する、おもしろい事例があります。フィンランドの教育では、先生が子どもに質問したからといって、子どもに答える義務はないとしています。先生の質問というのは子どもに与えられたチャンスであって、義務ではないというんですね。だから、そのチャンスを利用するかしないかは子どもの選択の問題であると。つまり、先生に質問されても、子どもは答えるのを断ることができるんです。

では、子どもが答えるのを断り続けたらどうなるか。理論的には可能なのですが、現実には断り続ける子どもはいません。それは同じく道徳教育において「言うかどうかは選択の問題だが、主張しない『個』は社会においては存在しないのと同じことである」と教えられているからです。先生の質問が難しすぎて答えられないのなら、あるいは何か答えたくない事情があるのなら、それをどこかで主張すべきなんですね。そこから先生と子どものあいだに対話が生まれ、教室という社会における「個」として認知されていく。子どもには厳しいようですが、大切なことです。

謝罪についても同様で、謝罪するかどうかは選択の問題ではありますが、その原因となった事件について対話をいつまでも拒否し続けたとしたら、それは自分を社会から抹消するような行為だというんですね。

こういう徹底した発想は日本人にはなじまないかもしれませんが、最近の日本の学校では、とくに現場レベルでの道徳教育の研究が進んでいることもあって、子どもに強制的に謝らせることはまずないようです。

その一方で、日本の大人社会では、「罪」についての事実認定もろくにしないまま「悪者」と決めつけ、事実上の謝罪の義務を課して、目的も対象も曖昧なまま「世間に対して」謝罪させるという、不思議な現象が頻発しています。

いま道徳教育の強化が叫ばれていますが、まずは根本的な発想を明確にしたうえで、大人に対する道徳教育からはじめたほうがいいのかもしれません。

30

「ほんとうの自分」なんてどこにもない

平田オリザ

仕事がら、不登校の子どもたちと付き合うことがよくあります。不登校は、だいたい中学から高校でなる子が多い。そして、そのほとんどの子が、「いい子を演じるのに疲れた」と言います。演劇を職業にしているわたしからすると、「そんなときだけ『演じる』ってことばを使うな」と思いますが……。

さらに、彼ら／彼女らは、「ほんとうの自分は、こんないい子の自分ではない」と言う。そこでわたしは、「でもね、ほんとうの自分なんて見つけちゃったら大変だよ。新興宗教の教祖にでもなるしかないよ」と答えます。

わたしたち大人は、ふだんからいろいろな役割を演じています。父親という役割、夫という役割、会社での役職、マンションの協同組合やPTAの役員、いろいろな社会的な役割を演じながら、人生の時間をかろうじて、少しずつ前に進めていっている。自分のなかで、その役割同士の調和をとりながら、一つの人格を形成している。

こういった概念を、演劇の世界では「ペルソナ」と言います。ペルソナには、仮面という意味と、パーソンの語源になった人格という意味の両方が兼ね備えられています。仮面の総体が人格なんですね。わたしたちは、社会的な関係のなかで、さまざま役割を演じながら、一つの人格を形成している。

そんなことは、大人は充分わかっているはずなのに、子どもたちには、家でも学校でも「ほんとうの自分を見つけなさい」「ほんとうの自分の意見を言いなさい」と強要している。

ほんとうの自分の意見なんてありえない。わたしたちは、相手に合わせて、さまざまに意見やその言い方を変えていくし、それは決してまちがったことではない。相手によって、おおげさに言ったり、論理的に言ったり、少し省略してみたり、その使い分けのほうが重要です。そうした能力を持った人間のほうが、社交性のある大人だといえます。

「演じる」ことに、日本ではマイナスのイメージがつきまといます。「相手によって意見を変えるのではなく、ほんとうの自分を表現しなさい」と言われて子どもたちは育ちます。でもわたしは逆に、子どものうちから、「役割を演じる」と

社交性の再評価
142ページ

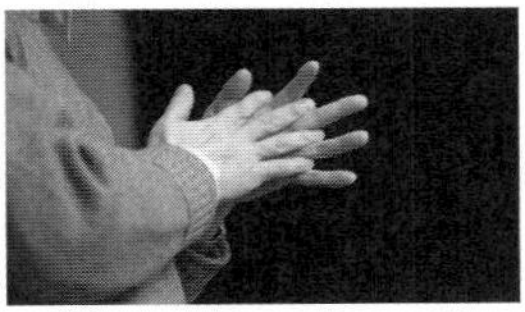

いうことを、自然に身につけさせることが大事だと考えています。

この話は、若者向けの講演会では、すごく反応がよくて、アンケートをとると、学生たちから「演じていていいと言ってくれたことで、ずいぶん楽になりました」というコメントがたくさん寄せられます。よほど《「ほんとうの自分」探し》を常に求めるように、育ってきているのだと思います。

ニートの問題なども、これと関連してきますね。「自分に合った仕事を見つけなさい」と小さい頃から言われてきて、仕事における「自己実現」を強要される。求人誌などのコマーシャルや電車の中吊り広告も、みんなそういう論調です。一度就いた仕事は、そう簡単に辞めるべき

ではない、いつまでも仕事を迷ったり選んだりしすぎるのはよくないことだといった倫理観もまだ根強い。しかし、それがかえってプレッシャーになって、若い人たちがすぐ会社を辞めてしまうとか、会社に入れないという問題につながっている。

最初から好きな仕事とか、自分に合った仕事というものが無前提にあって、「これは自分に合っている、これは自分に合っていない」ということは、めったにないでしょう。ふつうは、なんとなく会社に入るわけでしょう。そこで、いろいろな経験を通して、自分も変わっていくし、実は職場のほうも変わっていく。職場はたくさんの人数で構成されているから、自分が変わるほどには大きくは変わらないけれども、それでも自分という存在によって少しずつ変わっていく。さらには変わっていく自分も、職場を変えていく一つの要因になっているはずなんです。そこに希望を見出せないのだとしたら、人生なんてやっていけなくなってしまう。だから、「自分も変わるけれど社会も変わるものだ」という認識＝希望が大切だと思う。

「ほんとうの自分」も「ほんとうの意見」も「自分に適した仕事」も、そういうものはもともとない。探したってどこにもない。仕事にしても、自分は何者なのかということにしても、地中深くに埋められている宝物を探すようなものではない。社会的な関係性、他者とのコミュニケーションの積み重ねによって、自分もまわりも変化していくなかで、それは少しずつ、明瞭になっていく。「ああ、確かにわたしは、こんな仕事がしたかったんだ」という実感を持っていくというのが、本来の生き方ではないでしょうか。

「ほんとうの自分なんてない」という言い方が厳しすぎるなら、北川さんがよくお使いになる「内心の自由は個々人のもの」と言い換えてもいい。その個々人のものは、個人のなかにあっていいのだけれど、それが表に出てくるとき（仕事や人間関係）には、そこに変化があってもかまわない。その変化を受けて、「個人の内心」もまた、ゆっくりと変わっていく。そう考えてはどうでしょうか。

1 章

対話空間のデザイン

正解のない問題に取り組む

平田——大学生たちと接していて痛感するんですが、彼らは、答えがないもの、正解がない問題に取り組んで意見を言っていくのがとても苦手なんですね。

いま、大学院生とやっているもので、「電車のなかの三人の会話」という、演劇のメソッドを取り入れた教材があります。台本を読んで、三人の登場人物を実際に演じてみる。「この三人はどのような関係でしょうか」ということを考えるのが課題なんですけれど、それはどんなふうにでもとれるテキストなんですよ。この人とこの人とはものすごく深い関係にあって、この二人は過去に付き合っていて、この二人はいま付き合っていて……と、いろいろに解釈できるように書いてあるんですね。それで、いちばん妄想の膨らんだ人が勝ちって言うんですけれど、大阪大学の大学院生たちはだめなんです。ぼくがいろいろワークショップやっているなかでも相当だめなほうに位置するくらいなんです。

最初から繰り返して、「正解はないですよ」と言っているんですが、小学校の頃から先生があらかじめ用意して隠していた答えを当てていくような授業に慣れてしまっている。そのうえ、いま教えている学生たちの多くは、一つの正答に向かって近づいていく技術を、子どもの頃から塾の講習や受験勉強を通して訓練されてきているから、どんどんはずれていったほうが勝ちという感覚が受け入れられないんですね。ストライクゾーンのそのまんなかのいちばん狭いところを見つけるのはすごく得意なんですけれども、人とどれだけ違えば勝ちかということにはものすごく弱いんですね。けれども、これを競わせないとだめなんですよ、子どものときから。

表現教育をやるときにはいくつかポイントがあるんですが、演劇の稽古の場合は、まず子どもを個人で褒めないようにしま

コラム「目に見える変化のみを期待しない—対話劇の授業」84ページ

す。個人で褒めるとその子のプレッシャーになって、次はもっとおもしろいことをしなきゃって空回りしてしまうんですね。ですから、必ず集団に対して褒める。

その、集団を褒めるときにも必ず、「この班はほかの班のどこもやっていないこれがおもしろかったね」というように、いちばんユニークなところを褒めるようにします。上手、下手を評価するのではない。とにかく、ほかの班と違ったところを褒めるようにする。そうすると子どもたちは、うまくやろうとか、笑わせてやろうとかではなくて、どうにかしてほかと違うことをやろうとする。それを繰り返し繰り返し、徹底してやります。

自分で考えた意見が子どもたちからどんどん出てくるような場をつくるためには、正解のない授業を増やして、そして、ほかの人と違ったら褒めるということを粘り強くやっていくしかないと思うんです。

「正しい意見」「まちがった意見」という発想は捨てる。

すぐに答えを求めない

北川――それは、演劇の学習でなくても、ほかのどの教科にもいえるし、大人の話し合いにも当てはまることでしょうね。

ある意見が正しいのか、それともまちがっているのか、それは本来的にはだれにもわからないことです。意見なんて、突きつめていえば、その根拠が事実として正しいかどうか、あるいは意見と根拠が適切に関連づけられているかどうかでしか評価できないものなんですから。

それなのに意見というと、その根拠も聞かずに、「これは正しい意見ですね」「それはまちがった意見でしょう」というふ

コラム「目に見える変化のみを期待しない―対話劇の授業」
82ページ

うに、けっこう言ってしまっているんですよ。そういうことをしていると、「答えのなかには、まちがった意見というものがあって、それを言ってはいけないんだな」というようになってしまうんです。

いろいろな意見が出てくる状態をよしとしなかったり、あるいは、いろいろな意見が出ても結局は決まった結論に導いてしまったりしていると、その場に参加している人たちからは意見が出にくくなっていきます。やっぱり、何が正しい意見なのか、何がまちがっている意見なのかということをまっさきに人は考えてしまう。

中学校で、「あなたたちは進学する意味がどこにあると考えますか」というような、生徒にも身近ないい議題を持ってきて、いろいろな意見を言わせる。自分に直接かかわりのあることだから、生徒たちはおもしろいことをどんどん言うわけです。いい授業だなと思っていると、最後に先生がまとめをやろうとして、「大切なことは、どこの学校へ行くのかではなくて、何を学ぶかなんです」っていうようなことを言うでしょう。先生の言っていることは、何も考えずに聞いていると、いかにももっともらしいのですが、よく考えれば、よけいなお世話というものです。子どもたちがせっかくそこまで自分で考えていろいろな意見を言ってきているのに。こういう問題は、最終的な結論を自分のなかで出していけばいいことであって、教師がまとめる必要はないし、あるいはその場で結論を求める必要もないかもしれないんですよね。

平田――対話の場をつくるには、そういう、答えが一つじゃない、あるいは、すぐに答えを求めない授業を増やしていかないとだめでしょう。それは学校の先生たちにとっては大変なことなんだと思います。やっぱり答えが一つで、そしてその一つの答えを先生がふところに隠しておいて、最後にぱっと見せるというほうが、子どもたちをコントロールしやすい、楽な授業なんですよね。

学ぶ側の立場に立つ

平田――日本のいままでの教育というのは、教える側の教えやすいように教えている。学ぶ側の立場に立っていないから、そこを転換するのは、日本の学校教育の体質、文化を全面的に変えていかなくてはならない。これは大変なことです。あせらず、少しずつでもやっていくしかないんですね。

企業でも、会議で発言しない人が問題になっているくらいですから、意見を人前で言うということは、いまの若者にとってほんとうに大変なことなんです。やはり学校教育の段階で、意見を出し合ってみんなで考え合う経験を増やしていくことがとても大事になると思います。

ぼくはこのあいだ、香川県にある陶小学校★という、かなり田

★香川県綾川町立陶《すえ》小学校――平成17年度より文部科学省の研究開発学校として「キラリ科」を新設。表現力とコミュニケーション能力を育てるために演劇的な表現活動を取り入れた授業を実施し、新教科としての研究開発に取り組んでいる。

舎の小学校で、演劇を全学年週二時間ずつやっているところの公開授業を見に行ったんですけれど、ものすごく意見が出てくるんですよ。「わたしならこうやる」とか「こっちのほうがおもしろいんじゃないか」とか。

それで、ユニークな意見だと先生が、「じゃあ、あなたそう思うんならやってみて」って言ってやらせる。それで、やったことに対してまたみんなが感想を言う。演劇教育とか表現教育とか全然関係ない先生方も見に来ていたんですが、そのあとの講評会でもそこをみんなとても注目していました。こんなに自分の意見を言うのか、子どもたちって。ものすごいんですね、意見や感想の出てくる率が。それはほんとうに目に見えて違う。先生からも否定されないんですよ、どんな発言も。否定のしようがないですからね、「自分はこれをおもしろいと思う」ということは。低学年からずっとそういう授業に取り組んでいるから、子どもたちが楽しいんでしょうね。

グループでおこなう表現活動

平田――フィンランドの国語教科書は、単元の最後が、「今日習ったことをお芝居にしてみましょう」とか、「今日読んだお話の先を考えて人形劇にしてみましょう」「今日のディスカッションをラジオドラマにしてみましょう」というように、集団でおこなう表現活動になっていますね。単元の数を数えたんですが、三分の二ぐらいがそうなっている。

これは、フィンランド方式のおもしろいところだと思うんですが、要するに、子どもたちに対して、与えた情報や知識の何パーセントを覚えているかというテストをやって学習を終わるんじゃない。いったん与えられたものはひとりひとりが別々の感性で受け止めるんだけれども、それをさらにグループでディスカッションしてアウトプットする、そしてまたアウトプットされたものをほかのグループが見て……という繰り返しなんですね。だから絶対正解なんか出ない。でもそれをずっと繰り返し繰り返しすることで、少しずつコミュニケーション能力が上がっていけばいいという考え方なんだと思うんです。

北川――考え方のベースにあるのは、問題解決のプロセスをみんなでやりましょうということなんです。一人で問題解決することよりも、せっかくクラスのみんながいるんだから、みんなで一つの形に解決させていこうというんです。だから、とくに小学校くらいのうちは、一人で立派に問題解決をして結果を出すことよりも、みんなで問題解決をしていくプロセスを重視しているんですね。

問題解決とは、コミュニケーションである。

★オープンエンド：open-ended ——ここでは、特定の結論を目指さない、自由な討論のこと。

もちろん日本にも、一つの方向や結論に向かって意見をまとめたり絞っていくような話し合いと対極にあるものとして、オープンエンド★といわれる話し合いがあります。

たとえば、学校の授業でいうと、物語を読んだあとにみんなで感想を出し合って、それを先生がまとめずにそのままで終わりにするような学習がそう呼ばれたりしていて、それは、子どもたちの自由な意見をどんなものも否定しない、子どもたちのやる気や意思を大事にするいい学習であるという見方がされています。でも、ここに誤解があって。

問題解決型の学習では、いろんな意見を出したあと、最終的には、そのなかからその時点で最善のものを各人がそれぞれのなかで見出して終わるんですね。それをクラスでまとめる場合もあるし、まとめないでひとりひとりが持ち帰る場合もあるということなんです。出し合った状態でそのままにして終わりということではないんです。

その過程に、最善のものを追求するための話し合いがあれば、個人の内面とアウトプットされたものとは、違っていていい。

平田――アウトプットの段階では、何か一つに絞る、というか一つにまとめるという作業に必ずなる。そのときに、ここがとても大事で強調すべきところだと思うんですが、個人個人の内面とアウトプットとは違っていいわけなんですね。

北川――そして、その個人の内面のほうは、そのまま自分のなかでずっと持ち続けていていいんですね。五年、一〇年持ち続けていてじっくり自分で考えていく問題だってある。

平田――内面ではそれぞれがいろいろ違う意見や感想を持っていても、

アウトプットするときにはみんなで考えて、その時点での最善のものを出す。それが集団でやる表現芸術のおもしろいところなんです。だから、演劇とか集団でおこなう表現活動がフィンランドの教科書では多く使われているんですね。

対立や選択に伴う痛み

北川――集団でやる場合は、ある程度話し合ったうえで、最終的には決めなくてはいけない状況になります。

これが日本では難しい場合がある。ひとりひとりの思いや考えを大事にしなくてはならないと思うばかりに、決めなくてはいけない状況でも、意見の対立や選択を避けようとする傾向が日本の学校にはありますね。それは、思いやりとか、やさしさということで、プラスに評価されていることだと思いますが、ヨーロッパでいわれている内心の自由の尊重、あるいは、民主主義という考え方を学ぶ学習ではみられないことです。

たとえば、何かを決めるときに、多数決をすると少数意見の人がかわいそうだというのもそうです。教育の現場でよく先生方から、結論を出すべき話し合いのとき、最後はどうやって決めるんですかって聞かれるんですが、そのときに、それは多数決でもなんでもいいじゃないですかって言うと、「えっ、多数決をするんですか!」ってものすごくびっくりされるんです。

みんなで何か一つを決めなくてはいけないときは、まずは話し合いをするわけですが、最終的には多数決という手段が有効になる。これは人類が歴史のなかでいろいろなことを試してきていちばん有効だからそうしているんでしょう。少なくとも、多数派のほうの考え方が正しくて、少数派のほうがまちがっているというような発想ではない。みんな違う意見を持っているのだとすると、多数決をとらざるをえないということなんです。

それはやっぱり傷つくんですよ、ヨーロッパ人の子どもだって。多数決で負けたほうの子どもたちは、自分たちの意見が採

コラム「目に見える変化のみを期待しない―対話劇の授業」
77ページ

用されなかったことに傷ついたり理不尽さを感じたりするんです。でも、それを感じて体験して、それでも、意見を出し合って、解決に向かうということがみんなで生きていくには大切なんだということを学習していく必要があるんですね。

表現すること、人とコミュニケーションすることには痛みやリスクを伴う。そこのところを通過させずに、かわいそうだから、多数決はしないというのでは、ほんとうのやさしさも対話の場も生まれない。

演劇によるシミュレーション

平田――演劇の授業のときに、子どもたちが迷うでしょう。けっこう迷うんですよ、いろんな意見が出ますから。それも演劇の場合は、感性のすり合わせみたいなところで、絶対答えがない。メロンが好きな子といちごが好きな子がたたかっても意味がないんですね。「意味ないね、いまやっているきみたちの議論は意味がありません。これは結論が出ません。どうしようか。どっちかに決めましょうか。じゃあ、多数決がいい？　じゃんけんがいい？」ってぼくが言うと、そのときにびっくりするんですよ、子どもたち。「多数決がいいか、じゃんけんがいいか」って言ってくれる大人はあんまりいないんですよ。「多数決がいいか、それとも結論を出さないのがいいか」というのはあるんですよ。でも、多数決とじゃんけんが同じだということにはじめて気がつくんですね。それは選び方なんだからどっちだっていいんですよ、みんなが了解していれば。多数決ということは大前提でもなんでもなくて、みんながじゃんけんがいいって言えばじゃんけんでいいんですね。

対立や選択による痛みを通過して生まれる対話の場には、ほんとうのやさしさがある。

演劇は、時間がきたら幕が開くから、最終的にはとにかく決めて表現しなきゃいけない。必ず決めなくてはいけないという状況が生じるけれども、決めた結果に意外と傷つかない。こういう演劇みたいなものは、シミュレーションとしては非常に有効なんですよね。給食当番どうするかとか、クラスの席次をどうするかだと、子どもなりの利害関係がなまなましすぎてけんかになりやすい。だけど、その前段階として、演劇のようなものでみんなで決める場をたくさん経験させておくとそのプロセスがわかるんですよ。

何にこだわらなきゃならないのか、ここでは多数決にしたほうがいい、ここはじゃんけんで決めてもいいというふうに子どもたちは学ぶんです、演劇をやることを通して。「ここ、わたしたちみんなでこだわっていたけど意味がなかったね」「その時間をもっと練習にあてればよかった」「これ、じゃんけんで決めてもよかったね」「ここはもう少し話し合ったほうがよかったかな」って話になっていくんですよ。

みんなで一つのものをつくるということで、意見や思いをたたかわせるんですけれど、そのなかで、子どもたちは必ず、仲間に対してやさしくなるんです。ほんとうの意味での思いやりが現れる。それは中途半端な妥協やあきらめじゃないところから生まれるんですね。話し合いや討論を重ねていって、そういうやさしさが出てくるのを目の当たりにすることがときどきある。それはやっぱり感動的ですよ。

意見を保障する空間

平田――日本は、まがりなりにも民主主義国家で独裁国家ではないし、そんなに極端な抑圧はないけれども、民主主義の根本のところをもう一回よく考えて、ワンランク上のほんとうの民主主義国家として成立させるための正念場に来ていると思います。

それはやはり、「あなたの意見には反対だけれども、あなたが意見を表明することの権利は命がけで守る」という民主主義のもっとも根本的なところを、政治家や、企業でいうと管理職の人たち、それから学校の先生たちが守れるかどうかなんです。そのなかでも、学校の先生の力はものすごく大きい。

重層性を失った地域社会
66ページ

北川――大人の世界において、不用意に意見を言うことの危険性がわからないのは、それはそれで困るんですけれども、学校では、どんな意見でも、まずは言わせてみることが大事です。学校というところは、意見を言うことが本質的に持っている危険性を子どもたちが経験を通して学んでいく場所です。「これはいまここで言うべきではないな」というような、場の空気を読むことも、子どもは実際の場のなかで言ってみて、体験的に理解してほしい。リスクを冒すことを恐れるあまり、最初から自分で抑制して何も言わないという状況は望ましくない。

欧米の学校でも、学校は安全で安心できる場所でなければな

コラム「目に見える変化のみを期待しない―対話劇の授業」
83ページ

らないといわれていますが、それは日本でいうような不審者対策ではなくて、学校というところは、そういう表現に伴うリスク、コミュニケーションのリスクを子どもが冒しても、現実的なダメージを負わなくてもすむように、最終的には先生が守ってくれる場所であるべきだということなんです。もちろん、社会に出たらそうはいかないということも同時に教えていくんですが。

　だから、学校では、さまざまな状況に応じて、「根拠がない発言は意見としては認めない」などといういろいろなルールをつくっておいて、「いまの発言はおもしろかったけれど、根拠がなかったからここでは取り上げられなかったんだな」というように、子どもたちが学べる環境をつくっておく必要があります。子どもたちがつまらないことや、くだらないことを言うのを、最初から「もっとよく考えなさい」とか「授業の妨害をするな」と言って封殺してはいけないんです。きちんと意見として向き合っていくことができるような環境をつくる、そういう教える側の努力や工夫が必要なんですね。そういうことをせずに、子どものせいにしてはいけない。

日本の大人社会の場合も、建前としてはだれのどんな意見でも尊重するなどとしているけれども、実際には封殺されています。無条件に理由もなしに人の意見を封殺するという発想は、旧来の文化体系のなかに組み込まれていて、日本社会全体に広くあるから、かなり意識的に変えていこうとしなければ変わっていかないと思います。そういう意味からも、家庭にしても、学校にしても、企業にしても、教育の影響力は大きいですよね。

「上から目線」のもの言い

平田――相手が自分より立場が弱かったり、経験が少なかったりするような場合に、その相手の意見を押さえつけるような発言をしたり、意見をまったく聞かなかったりという、コミュニケーション能力の乏しさでいえば、日本では、いまの子どもよりも、中

日本社会には、理由もなしに人の意見を封殺する風土が根強くある。

高年の男性たちに問題があると思いますね。彼らは、人の意見によって、他者と出会って、自分が変わるってことをまったく想定していませんから。

いま、大阪大学では鷲田さん★を先頭に「哲学カフェ」というオープンな話し合いの場を企画してやっているんですが、そこでの四〇代以上の男性、五〇代、六〇代と、そういう世代の男性の態度がひどいんですね。

「哲学カフェ」というのは、もともとフランスで生まれたものなんですけれど、あるテーマを決めて、ふつうに街なかのカフェで、哲学者たちが一般の市民の人たちと話をするんですね。尊厳死は許されるかとか、愛とは何かとか。別に意見を言わな

★鷲田清一（わしだ・きよかず）—— 1949年京都生まれ。哲学者。専攻は臨床哲学・倫理学。著書に『モードの迷宮』『悲鳴をあげる身体』『「聴く」ことの力』『思考のエシックス』など。2007年より大阪大学総長。

★ファシリテーター：facilitator ――後援者、補助役、まとめ役。会議やワークショップにおいて、参加者間のコミュニケーションを活性化させ、多様な意見やアイデアを導き出したり、それらを創造的な成果に結びつけていくことを支援したりする役割を担う人。「ファシリテーション」は、問題解決や学習促進などのコミュニケーション活動において、話し合いのプロセスをマネジメントすること。また、その技法。

くてもいいし、全体の結論も出さなくてよくって、その二時間なら二時間、そこでの議論が深まればいいというのが「哲学カフェ」なんです。

それを日本でやると、ほんとにだめなのが、中高年の男性たちです。これがいちばん対話下手。いま流行していることばで言うと「上から目線」で、「そんなことはないだろう」とか、「きみは若いからわからないかもしれないが」って言ってしまう。若い人たちの意見を押さえつけるためだけの発言をするんです。あるいは、自分の経験や知識をひけらかすためだけの発言をする。それはもう、つまみ出そうかと思うくらい。ぼくは主催者側で、ほかに哲学科の大学院生などが来て、ファシリテーター★をやっていて、彼らは訓練を受けているから、「そういうこともありますよね」って感じで、うまくスルーして次にいくんですけれどね。ほんとにひどいんですよ、それは。対話力がほんとにない。会社の上下関係だけでずっと生きてきているから。

命令する、されるの関係以外に、三、四〇年経験していないでしょ。ほかのコミュニケーション、いっさい。

北川――ちょっと単純化しすぎかもしれないですけれど、そういう部分って非常に大きいんですね。いまの中高年の方というのも、その知識とか経験の量の優位のなかで意見が言えるんだって思ってしまっている。どうしても自分の知識と経験というものは絶対化しやすいので、「自分はこれだけの経験をしてきているんだから、その経験をしてきていないおまえにはわからん」という態度になってしまって。

脱・経験絶対主義

北川――とくに経験というのはやっかいですね。その人にとってはまちがいなく事実であり、絶対的な真実と思い込みやすいですから。でも、自分の経験だけを意見の根拠にするのは危ないんです。

コラム「発想の転換ができるか
—『考える力』と基礎・基本」
124ページ

その経験がすべてにあてはまるはずはないし、他人にはその人の経験を評価しようもない。だから、「自分の経験では……」と得々と語る人はよくいますけれど、そういう人とでは議論が成り立たないんです。

「同じ経験をしていないので同じ立場からはものを言えないけれど、経験している人と経験していない人とがいっしょに考えたらどうなるか」という視点を根本的に欠いてしまうと、経験も知識もない人間は社会でものを言ってはいけないという雰囲気になってしまう。

だから、「知識の量や経験がある程度たまるまでは人前で意見は言うべきじゃない」「知識が多くある人の前で知識がない人が意見を言っちゃいけない」という風土がつくられる。対等に論じてはいけないという雰囲気のなかでは非常に意見が言いにくい。実際、学会などでも大先生の講演のあとに質問しようなんて思ったら大変ですよね。わたしは頭が悪くてわからないので質問させていただきますとか、わたしが聞き逃したのかもしれませんがとかいうようなことをいちいち言わないとだめですよね。

わたし自身がヨーロッパで受けた大学教育のなかには、チュートリアルシステム★というのがあったんですが、そこでは、あることをはじめて勉強した人間が、その専門の担当教授と対等の立場で議論しないといけないんですよ。その問題について、教授はもう何十年も考えてきている人で、こっちは昨日今日はじめてやったような人間です。本を読んできただろうからそれについてきみの意見を言いなさいと言われて、向こうはそれをずっと聞いているわけですよ。じっくり聞いたあとで、このよ

自分の経験の絶対化からは、何も生まれない。経験のある人と、経験のない人とが対話することによって、新しい発想は萌芽する。

★チュートリアルシステム：tutorial system ——ここでは、大学の個別指導制度のこと。「チュートリアル」は、大学などでの教師と学生による１対１の個別指導授業、もしくは少数の演習・セミナー形式の授業を指す。

うな観点とこのような観点とこのような事実を入れて、もう一度考えてきてくれというようなことが返ってくるんです。

平田——そういう訓練を受けていますからね、教える側が。

北川——そうなんです。「きみは知らないからそういうことを言うんだ」ではなくて、「いまの意見のなかではこの観点が抜けているから、それを入れ直すときみの考えはどう変わるのか、それを一週間後くらいまでに考えてきてくれ」とか。「この本を読むときみの考えが変わるかもしれないからちょっと借りてみてくれ」とか。その前に、もちろん向こうも聞いてくるわけですよ。こちらの言っていることに対して、質問とか確認の形で、それはこういう意味なのか、それについてはどう思うのかって。

対話の場のバリエーション

平田――日本では、経験の差や地位の差があるところで、対等に意見を交わすということはなかなかできませんね。企業の講演会などに呼ばれていくと、たいてい、「いまの新入社員はコミュニケーションをとるのが下手で」とか「意見を言わない若者が増えてね」という話になりますし、意見を出し合う場、対話の場をつくっていくことにはどこでもみんな悩んでいる。ただ、先端的な企業ほど、コミュニケーションの不具合を個人の責任にしないで、システムのほうを変えはじめているんですよ。

たとえば、ある会社では、大きな一〇人以上の会議ではなくて、四、五人の会議とか、取締役と新入社員だけの会議とか、それから、若手社員の話を聞く場にしても一対三であるとか、一対一であるとか、昔ながらの焼鳥屋さんでのコミュニケーションとか、いろいろな話し合いの場を重層的につくっているんです。一対一であれば、他人に聞かれることもないしゆっくり話が聞けるだろうというふうに思っても、それがたいへん苦痛に感じる人もいるわけなんですね。

よく、会議の仕方が悪いんじゃないかと考えて、それを変えようとするんですが、それよりも、会議のバリエーションをつくることのほうが解決に近づく。

ライフスタイルが多様化して、若者たちは意見の言いやすい場がひとりひとり違う。もちろん社会人として、最終的にはどのような場面でもきちんと意見を言ってもらえるようになったほうがいいんですよ。また、もちろんそれは大学の責任もあるんですけれども。しかし、教育現場でそれができていなくて社会人になってしまっているという現状があるのだったら、いまの若者は意見を言わないと嘆いたり、その新人個人のせいにするのではなくて、利潤追求の組織である会社側としては、当然、現実的に意見の言いやすい場をつくっていってあげようという動きになる。それが会社側の責任だというふうになってきているところもあるんですね。

▼

コミュニケーションの不具合を個人の責任に帰さない。
「いまの子どもや若い人たちは意見を言わない」と決めつけずに、
まず、相手にとって意見の言いやすい場のバリエーションを
意識的、計画的に用意しておく。

表現教育における、対話と熟考のプロセス
14ページ
意見を保障する空間
54ページ

重層性を失った地域社会

平田――対話の場にバリエーションを設ける、対話の場の重層性ということは、コミュニケーションデザイン★の考え方の一つなんですが、このことは、地域社会においても考えていくべきことなんです。「モンスターペアレンツ」★といわれる人たちが出てきた背景は、精神病理学や社会心理学、経済学などいろいろな視点から考えられると思いますが、コミュニケーションデザインの観点からは、地域社会の破綻の結果としての現象があげられます。

　地域社会に重層性がないために、一つの側だけからリスクなしでものが言えるようになってしまっている。ぼくは、その重層性のなさというのが、いまの日本社会でもっとも危険な点だと思っていて、本来、人間というのはなんらかの行動をするときには必ずリスクを伴って行動するべきだし、リスクを負わせるのが社会の重層性なんだけれども、たぶんそれが消えてしま

★コミュニケーションデザイン：communication design――「専門知識をもつ者ともたない者　利害や立場の異なるひとびと　そのあいだをつなぐコミュニケーション回路を構想・設計する」（「大阪大学コミュニケーションデザイン・センター」の定義による）

★モンスターペアレンツ：monster ＋ parents（和製英語）――学校（現場教員、校長、教育委員会）に対して、身勝手で理不尽なクレームをつける保護者に対してつけられた言い方。

っているんだと思うんですね。

たとえば、学校で保護者が一方的に教員を糾弾したとします。かつての村落共同体だったら、糾弾する側も教員も村社会に生きていて、そのなかでは立場は逆転するかもしれないですね。さらに、地域に重層性がもしあったとすれば、その二人が同じサッカーのクラブに所属しているかもしれない。

そういう重層性のある社会では、一方的に糾弾するということは、そう簡単にはできなくなるはずなんです。人前で発言するということは必ずリスクを伴うから。それによって、わたしたちは大きなリスクを回避してきたはずなんです。さまざまな要因を天秤にかけながら、言わなきゃいけないことは言う、ここは抑えるというようなことの調整機能が自動的に働いてきたはずなんだけれども、そうした重層的なコミュニケーションの場がなくなってしまった。町内の寄り合いも機能してない、趣味の共同体もないとなったときに一方的に糾弾するっていう現象も起きやすくなっていることはまちがいないでしょうね。
しかし、それでは昔のような村落共同体がいいのかというと、そこにも問題がある。村社会の意識が強すぎると、発言を抑える無言の圧力になります。そこはやっぱり、いまの現代社会に合わせて、社会全体をいくつかの階層化された重層性のある社会に組み替えていく必要があります。街づくりの段階で組み替えていく。それしかモンスターペアレンツなどの問題を根本的に解決する方法はないんじゃないかと思います。

北川――モンスターペアレンツもそうですが、モラルの崩壊などといわれる問題がいたるところで生じてきていますよね。そこで、このままではいけない、なんとかしなくてはならないと考えたときに、地域社会がその重層性を保っていた頃の昔のモラルを取り戻す方向で、道徳教育、しつけやマナー、しきたり教育の強化ということを考えるのか、それとも、もうそういうふうに社会が変化してしまったのだからそれに対応した力をあらたにつけていく方向で考えるか、二通りの方向にいくと思うんですね。

平田——かつての社会にノスタルジーを持つのはわかりますが、もう、後者でいくしかない。

北川——そう、いまさら時間を逆戻しにするのは無理でしょう。わたしもこの変化に対応した力をつけるしかないと思うんですよ。そこに対話の力がかかわってくるんですね。

ゆるやかなネットワーク

平田——その重層性をつくりあげて対話の場を創出するコンテンツの一つが、スポーツも含めた芸術文化にあるというのがぼくの立場です。たとえば、Jリーグがやっているような少年サッカークラブも、劇場や美術館なども、その地域のコミュニケーションの場

イギリスの教育改革
148ページ

「やさしいコミュニケーション」の危うさ
128ページ

に重層性を与える役割を果たすものです。

ある地域の一人の子どもに焦点を当てて考えた場合、「その子どものかかわり合う場所が、家庭と学校だけではないような社会」を人為的につくっていく必要がある。もはや、地域社会でその土地に生まれたから、少年団に入り、青年団に入り、消防団に入り、商店会の組合に入りというような強固な共同体の維持がもう無理になっているんです。

でも、どんな統計調査を見ても、高度な芸術活動とかボランティア活動とか環境保護活動などは、だいたい車で三〇分圏内まではストレスなしでみんな参加するという結果が出ている。

ということは、これからやっていかなくてはならないのは、さまざまな小さなサークルをその地域にたくさんつくって、とにかく人々に必ずどこかに参加してもらうこと。一つのサークルの全部の行事、夏は盆踊りだとか、秋は福引きだとか、冬は餅つきだとか、すべての活動に参加する必要はない。そうではなくて、いろいろな趣味や趣向のサークルがあって、みんながそれぞれの度合で、ばらばらに重層的に参加する。そのことによって、だれかがだれかを知っているような社会をつくっていく。ぼくはそれを「ゆるやかなネットワーク社会」と呼んでいるんです。「あのおじいさん、気むずかしそうに見えるけど、ヨガに詳しくて、このあいだもボランティアで講師やってたのよ」とか「あのブラジル人、無口でからだがごつくて一見怖く見えるけど、子どもにサッカーを教えるのがびっくりするほどうまいんだ」というように、外国人も高齢者も障害者も子どもたちもだれかがだれかを知っているような、そういう社会をつくっていく必要がある。

スポーツも含めた芸術文化は、地域社会に重層的な対話の場を創出するコンテンツの一つ。

北川――つまり平田さんがおっしゃっているのは、壊れてしまったものを元に戻すというよりは、新たな形での重層性の再構成ということですね。

組み替え可能な、第三の共同体

平田――それはもう、人為的につくっていくしかないと思っています。重層性といったときに、簡単にカテゴライズすると三つくらいの層を持っていたほうがいいんじゃないか。

一つは、もちろん資本主義社会ですから、「利益共同体」。これは企業ですね。それから昔ながらの「地域共同体や血縁共同体」。これは自分の選択不可能なものです。これも崩れていってはいるけれども、多少はつきまとうでしょう。ゴミを出したりすることに関して、いくら個人の価値観がばらばらになるからっていって、じゃあ自分の感性からいって燃えないゴミは火曜日に出そうとかは言えません。これはしょうがない、我慢する。

それから、もう一つが「個の共同体」とぼくは呼んでいるんですけれど、芸術とか文化とかスポーツとか、要するに個人がある程度、自由意志で参加できるもの。この「個の共同体」は組み替え可能なんです。あまり我慢しなくていい。「利益共同体」である企業は、いったん就職すると、最低限、その共同体への忠誠心のようなものが必要だし、利潤を追求するための力が強く働きますから、個人の価値観や意思がつぶされるという問題に直面することもある。しかもそのたびごとに会社を辞めるようなことはふつうはできない。でも、「個の共同体」はいやだったらやめていいんです、いつでも。所属する期間も最初から限定的でいい。そういうものが必要なんです。

人生のなかで、この三つのそれぞれに参加する度合が、たとえば会社員の場合でいうと、「利益共同体」が半分くらい、「地域共同体」が三割くらい、そして、「個の共同体」が二割くらいあるといいんじゃないか。みんながそういう具合に、コミュニケ

★リスクマネジメント：risk management ——地震や台風などの災害危機への対策に対しても用いられるが、ここでは、企業がその営業活動に伴うさまざまな危険を予測して、組織的に食い止めたり、発生した危機に伴う損害を最小の費用で処理するような経営管理手法をいう。

ーションの場に重層的にかかわるようになると、個人の生活も、社会のあり方も、たぶん少しは健全なものになるでしょうね。

実際、味の素や資生堂などのように、「利益共同体」である企業のほうが社員に、それぞれの地域社会に出て活動することを奨励しているケースも出てきているんですよ。もちろん、これは、企業のイメージアップが狙いであったり、リスクマネジメント★の方略であったりもするんですけれども、週末は仕事しないでください、接待ゴルフもしないでください、そのかわりに、地域に出てください、ボランティアしてくださいと。

食品製造会社や建設会社の倫理が問われるような事件が多発していますが、企業論理だけでやってしまうとどうしても過誤を起こしやすい。化粧品会社、薬品会社などもそうですけれど、とくに直接的に人間の命をあずかる会社の人たちには、重層的なコミュニケーションの場を積極的に持ってもらいたい。週末に障害者や子どもたちと触れ合う機会があれば、多少なりとも考えるでしょう、この食品をあの子たちが手に取る、この製品を障害者の人たちが使ったらどうなるだろうかと。からだの弱い人たちが使ったらどうなるだろうと、そういうことを実感を持ってふだんから考えるような会社の体質にしていくことが大切なんですね。

だからぼくは、企業の人には、「もうリスクマネジメントは、いくら講習をやっても無理なんです。社員全員がふだんから重層性のある社会生活を送って、ふつうの消費者、生活者としての感覚や視点を養って、そういう事故を起こしにくい会社にするしかないです」と言っているんです。

だれもがそれぞれの地域社会に出て、積極的に対話することが、社会にとっての究極のリスクマネジメント。

いやだったらいつでもやめていい。
好きなときだけ参加すればいい。
そういう、人々がゆるやかにつながり合う
コミュニティのネットワークが、対話型社会を支える。

目に見える変化のみを期待しない
—対話劇の授業

◉
平田オリザ

日本人のコミュニケーションのさまざまな問題を考えるうえで、会話（conversation）と対話（dialogue）を区別する必要があるのではないかと、わたしはつねづね言ってきました。★

わたしなりの定義は、会話は、親しい人同士のおしゃべり、対話は異なる価値観などをすり合わせる行為を指します。

「対話」は、初対面であったり、よく知らない人同士のあいだだけで起こるものではありません。ふだんからよく知っている家族や友人のあいだにおいても、「対話」というコミュニケーションが生じる可能性はある。

わかりやすい例としては、『忠臣蔵』という物語があります。『忠臣蔵』では、あの松の廊下の事件が起こるまでは、彼ら（赤穂藩士たち）は、まったく「会話」だけをしていたのですね。関ヶ原から百年もたって、侍といっても完全にサラリーマン化していて、年貢の取り立てについてとか、殿様のご機嫌とか、毎日同じような「会話」ばかりをしていた。ところがそこに、松の廊下の事件が起きたために、殿様は切腹し、藩が取りつぶされることになって、そのときにはじめて個々人の価値観の違いが出てきます。

ある人は、「殿が切腹したんだから自分も切腹する」と言う。またある人は「いや、それじゃだめだ。籠城だ」「いや、おれは討ち入りだ」となる。もちろん、「じゃあ、わたしはお金だけもらって、再就職の口を探します」という人も出てきて、ばらばらになっていく。しかし、

★『対話のレッスン』（小学館、2001）などを参照

そこから対話（＝話し合い）がはじまる。どの意見も、それまでは、自分でも考えてもいなかったことなのだけれど、それは潜在的にあったそれぞれの人の価値観なんですね。

演劇というのは、ある共同体が、なんらかの運命に直面したときに、その共同体のなかで個々の価値観の違いが出てくるところからドラマがはじまる。そういう知った人同士でも異なる意見が出てきて「対話」の関係が起こる。

◎

「対話劇の授業」を教室で班ごとに進めていくと、子どもたちに、先ほどの赤穂浪士と同じような現象が起こります。

それまで「同じ」だと思っていた友達が、まったく違う感性とか感覚を持っていることにまず気がつく。それから、自分の意見が全然通らないことにも気がつきます。感性の問題だから、論理だけで他人を説得できるわけでもない。

たとえば、「朝の教室」のシーン★をつくるときに、「朝、どんな話をするだろう？」ってわたしが聞くわけです。そうすると、最初はだいたい、優等生的な班長さんなどから、「宿題の話をする」とか「運動会の準備の話をする」というような答えが出てくる。これは、いままでの国語の授業でいう「正解」ですね。でも「ほかにアイデアはないかなぁ？」「ふだん、何を話してる？」ってみんなに聞いてみる。そうするといろいろな意見が、少しずつだけど出てくるわけです。

たとえば、「ぼくはしゃべらない。寝

★「朝の教室」のシーン――80ページ参照

てるから」って言う子がいる。「ああ、しゃべらない子もいるね」ってなる。そうすると今度は「オレはいない」って言う子も出てくる。いつも遅刻ギリギリにしか来ないから、教室にはいないと。「ああ、いいね、いいね、じゃあ遅刻してくる役の子もつくろうか」となっていく。

そうやって劇をつくっていくと、みんなで宿題の話をしている班よりも、いろいろな意見が出てきた班のほうがおもしろくなる。宿題の話をしている横で、机に突っ伏して寝ている子もいれば、途中から「やべー、やべー、遅刻だ!」って言って入ってくる子もいる。このほうが劇空間は、圧倒的に豊かになります。この瞬間、子どもたちは「しゃべらない」ことも表現だということに気がつく。

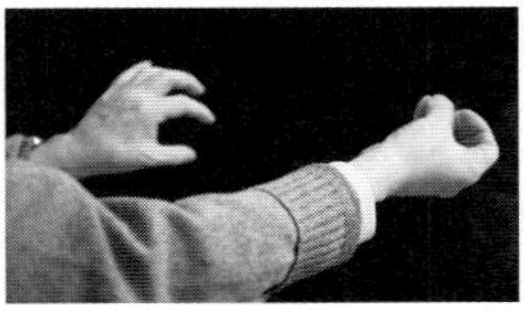

「いない」ということも表現かもしれないとなっていく。表現に対する枠組みそのものが、子どもたちのなかで大きく広がっていくんです。

「朝の時間だから、これを話さなきゃいけない」なんて規範や正解はなく、かえってひとりひとり違ったほうがおもしろい。あとは、それをどうまとめていくかにかかってきます。

でも、これはやはり、従来の国語の授業からは、多少逸脱したものですね。「しゃべらない」というのは、国語の授業として想定されていない。国語の教師は、いままで、どうにかして、子どもたちにしゃべらせようとしてきたわけですから。しかし、わたしたち表現に携わるものからすれば、しゃべらないことも、いない

教科書に掲載された対話劇の台本

対話劇

学びのポケット

◇ 朝の教室。生徒たちが登校してくる。教室はワイワイとうるさい。

生徒1　ねぇ、ねぇ、きのう×××（テレビ番組の名前）見た?
生徒2　見た見た。
生徒3　見てなーい。
生徒1　なんだよ。
生徒3　しょうがないじゃんか、親がナイター見てたんだから。
生徒2　つまんないのー。
生徒4　わたしも見た。
生徒1　すごかったよねー。
生徒4　まさか、あそこまでやるとはねぇ。

◇ 話がどんどん盛り上がる。そこに先生がやってくる。

生徒5　起立、礼。

① 場所を決める。
② 時間を決める。

1 台本を読もう。

❶ この台本を使って、役割を決め、せりふを読んでみましょう。

❷ □の部分のせりふを自分たちで考えて、お互いに発表してみましょう。

2 対話劇をしよう。

❶ グループに分かれる。

❷ 台本をつくる。
　初対面の人やあまり自分のことを知らない人と話をする場面を、できるだけ具体的に設定しましょう。

生徒3　趣味は何ですか?
生徒2　もっとおもしろいこと聞けよ。
先生　静かに。
○○　えーと、前の学校では、スキー部にいました。
先生　はい、ほかに。
　・・・・・・
先生　それじゃあ、先生はいったん職員室に戻《もど》ります。○○さんは、それじゃあ、××君の隣に座ってください。
○○　はい。（と言って席に着く。）
先生　じゃあ、仲よくね。
生徒たち　はーい。

◇ 先生、廊下に退場。

生徒3　スキーって、うまいの?

全員　おはようございます。
先生　おはようございます。
生徒5　着席。
先生　おはよう。えー、今日はまずみなさんに、転入生を紹介《しょうかい》します。

長野から来た○○さんです。

○○さん、自己紹介してください。
○○　長野から来た○○です。父の仕事の都合で、引っ越してきました。東京は初めてなので、よろしくお願いします。
先生　じゃあ、○○さんに、なにか聞きたいことのある人？
生徒4　はい。
先生　××さん。
生徒4　えっと、得意な教科はなんですか？
○○　国語と体育です。
生徒3　はい。
先生　△△さん。

③ 登場人物を決め、配役（だれを演じるか）も決める。登場人物の性格などをできるだけ明らかにしておきましょう。
④ せりふを決める。

「だれかが話に入ってくる」と「だれかが話から出ていく」を必ず一回ずつ入れましょう。

❸ 練習をする。
❹ お互いに発表する。

3 話しことばを振り返ってみよう。

「だれかが話に入ってくる」や「だれかが話から出ていく」の前後の場面で、どのように話しことばが変わりましたか。

対話劇を通して気づいた点を話し合い、自分がどんなことばを使っているのか、どんな気持ちで話しているのかを振り返ってみましょう。

ふだんの会話って、改めてやってみると難しいよね。

○○　え、そんなうまくないけど。
生徒2　でも、スキー部だったんでしょう？
○○　長野じゃ、みんなやるから。
生徒2　えーでも、きっとうまいよねぇ。
生徒3　うん。
○○　そんなことないって。
生徒1　（生徒5に）スキーってやったことある？
生徒5　あるよ、三回くらいだけど。
生徒1　え、いいなぁ、わたしやったことない。
生徒4　わたしもない。
生徒5　え、じゃあ、三年になったら行こうよ、みんなで。
生徒4　うん。
生徒2　行こう、行こう。
生徒5　○○さんに教えてもらえばいいじゃん。
生徒1　そうかそうか。

作＝平田《ひらた》オリザ

＊表記は台本用になっています。

157　対話劇

平成18年度版中学校用国語教科書『現代の国語2』（三省堂）より

ということも立派な表現です。

繰り返しますが、「対話劇の授業」のポイントは、子どもたちが話し合いを進める過程で、「正解」を求めさせないということです。教師の側が意識的に、「正解」を求めないような雰囲気をつくっていかなければならない。

◉ すぐに答えを求めない 40ページ

さらにそのためには、教える側が、まず自分の価値観をいったん捨てる勇気を持つ。「朝の教室ではこう話すもんだ」「先生が来たらことば遣いを変えよう」「転校生にはこう質問するべきだ」といった感覚を全部捨て去ってみる。そうすると、子どもたちから驚くほどいろいろな意見が出てきます。

ワークショップの指導者をよく「ファシリテーター★」と呼びます。これは翻訳の難しいことばですね。よく「進行役」と訳されますが、少しもの足りない感じがする。単なる進行役ではない。でも教師やリーダーというほどでもない。わたしはよく、「船頭役」と言ったり、あるいは「行司のようなもの」と説明します。

子どもたちは、発想はすばらしくても、表現が未熟なことがあるので、「ああ、多分それはこういうことだよね」と話を整理して、ほかの人にもわかりやすくしてあげたりする。それがファシリテーターの役割です。何かを教えるという役割ではない。自分の意見とか、自分の知識とか、自分の情報を生徒に伝える役割ではないんです。表現教育をやるときは、この船頭さんの役割は、いままでの教師

★ファシリテーター―― 58ページの注も参照

の役割とはまったく違うと思っていただかないといけない。

「行司役」という説明も、わたしは気に入っています。相撲の立ち合いでは、両者の呼吸を合わせるのが行司の仕事です。決してスタートラインに並ばせて、号砲を鳴らすようなことはしない。途中でも「のこった、のこった」と励ますのが仕事。最後は審判もするけれど、絶対的ではなくて、たまにまちがったりもする。

◉

授業では、いろいろな意見が出たほうがいいのですが、演劇教育、とくに創作にかかわる部分では、もちろんなんでも自由にすればいいというわけでもありません。

「なんでも言っていいよ」というように言われて、自分のことを表現したいという欲求が出てきたときに、今度は、子どもたちがそれらを全部無責任に表現してしまうということが起こります。それは子どもですから、限度というものがなくなっていく。また、そこには、多少差別的なことばとか暴力的な事柄も出てくる。

さて、そこをどうするかです。

わたしが、現場の先生方にお願いしているのは、とにかく、そこはできるだけギリギリまで見守っていてあげてほしい。そのなかで、しかし、そういった差別的な表現などが出てきた場合には、子どもたちに考えさせる場をつくってほしいということです。

たとえば、転校生が登場するシーン★で

★転校生が登場するシーン―― 81ページ参照

意見を保障する空間 ▶ 55ページ

いうと、「東北から転校してきた子ども」という設定で、ズーズー弁でしゃべらせるような班が必ず出てくる。クラスのみんなは笑います。そこで怒ってはだめなんですね。「おもしろかったね。だけど、これをほんとうの東北の子が見たらどうだろうか？　このことを話し合ってください」っていうようにもっていく。それを最初から規制してしまうと、何も意見やアイデアが出てこなくなってしまう。

　表現教育というのは、実はすごく危ういことをしている。表現、とくに笑いとかには、他人を差別したりする要素が必ず入ってくるんです。

　でも、そこを避けて通らないでほしい。発達段階に応じて、きちんと、そういった問題に向き合う機会としても表現教育は有効なはずなんです。

◉

評価のことも、よく問題になります。まず大事なことは、評価と評定は分けて考えてほしい。

　劇をつくる授業では、どんなに時間のないときでも、子どもたちがつくったすべての劇に短いコメントをします。コメントのコツは、まずオリジナリティのある部分を褒めること、「ここの班は、ほかの班と違って転校生の紹介のときにみんなで拍手をしたところがよかったね」といった具合です。それから、ただ褒めるだけではなくて、だめだった点も、きちんと指摘する。

　そのときにはできるだけ、ではどうすればよかったかという対案を示してあげ

正解のない問題に取り組む
38ページ

る。この対案がきちんとしていると、子どもたちは、「ああ、そうか、そうすればよかったんだ」と感じて、悔しいという気持ちが起こり、もう一回やりたいという気になってくれます。ただ、即座に対案を出すのは難しく、これは多少の技術と経験が必要になります。

わたし自身は、表現教育において、五段階評価などの数字で評定をすることはまったく意味がないと思っています。表現教育の成果というものは、三年後や五年後、あるいは二〇年後に、その人の人生のなかに出てくるものであって、その場で教師が評定できるようなものではない。肝心なのは、「子どもが自分のなかで何に気がついたか」なのですが、そんなことは表面だけを見ていてもわからないんです。それが表に出てくる子だけが良い子とは限らない。

しかし、モデル授業で学校を回るときには必ず「子どもたちがどう変わったか」という点が注目されます。確かにわたしの授業はおもしろいでしょうし、子どもが生き生きとしますから、その点は評価していただけます。具体的な目に見える変化というのも、もちろんある。子どもたちは元気になるし、ことばに敏感になるし、仲間に対してもやさしくなる。

でもわたしは、「目に見える変化のみを期待しないでください」といつも言っています。そればかりに目がいくと、変化が出ない子はだめなのかという話になってしまうし、目に見える変化というものを大人が求めがちになって、そういう授業にもっていこうとしてしまうと思うんですね。

少子化で、競争社会に育っていませんから、いまの子どもたちに学びのモチベーションが低いことはしかたありません。ではどうするか?

一つの方法は、短期的に競争状態をつくり出して、子どもにやる気を起こさせるというものです。「百ます計算」や「辞書引き競争」がこれにあたります。

わたしは、それも授業のテクニックとしては悪くないと思う。しかし、それが目的化してしまうと本末転倒になる。また、そういった擬似的な競争状態に慣れてしまうと、その梯子を外されたときに、何も残らない子どもになってしまわないか?

やはり長期的な視野に立つなら、子どもひとりひとりが、他人との競争だけではなく（繰り返しますが競争を全否定しているわけではありません）、自分なりの興味や関心、やりがいや生きがいを持って学習に臨めるかが大事になってくるでしょう。

わたしの三コマのモデル授業を受けて、自他の感性の違いに呆然としているような子ども。授業のときにはうまくいかなかったけれども、家に帰ってから両親に、自分がどんな劇をつくりたかったかを一生懸命話す子ども。そういった表面に現れない驚きやとまどいも大事にしたいと思います。そのことが、わたしたち芸術家が、教室に入っていく最大の価値だと思っています。

2 章

表現の型、個性、教育

共通性のうえに成り立つ個性

北川――ヨーロッパ型の教育に出会って、おもしろいと思ったのは、「個性」といったときに、「ほんとうに個性的なものは、極めて個人的なもので、他人には理解不能なものである」と考えるところでした。

ですから、ある人をみんなが個性的だと思うとしたら、そうとらえられたということ自体、「あの人はほかの人とずいぶん違ってはいるけれども、みんなと共通性があるからこそ、どこかに共感できるものがあるし、一般性のある方法で表現しているからこそ、多くの人がその個性を個性として理解することができる」ということになるんです。

これは実はあたりまえのことなんですけれど、ふつう日本で「個性教育」というと、自由勝手にやらせていればその個性が伸びるというような、そして、なるべく矯正する部分を少なくする、型にはめる部分を少なくすればするほど個性は伸びるものだというようにとらえられることが多いですよね。でもそれでは、わかり合えない部分ばかりが伸びて、わかり合える部分はどんどん縮小化されてしまうし、さらにそれをわかりにくい形で表現することになってしまうわけです、ヨーロッパ型の表現教育でいえば。

互いにわかり合えない超個性的な状態の子どもを「野性的な個性」というような言い方をしているんですが、そういう子どもに、一般的にわかりやすく表現する方法を教える。そして、共感というものを認識させて、他人と共通性のある表現の大切さを知らせていく。それによってそういう野性的な個であったものが、社会における個とか、社会的な個性として育つのだと。

教育の役割というのは、一般性の部分と共通性の部分をなんとかして育んでいくことだという考え方があるんですね。つまり、たとえば、ほんとうに個性的な芸術家といっても、やっぱり社会でわかってもらえてこその、社会に通用してこその、相手がいてこその表現をしているんだという点からすると、まったくただ野性を伸ばすような個性教育というのは、本来の教育ではない、ということになるんです。

集団のなかで感性や価値観を比較する

北川――フィンランドの実践で一つ例に挙げると、日本の「かわいそうなぞう」★という話がありますが、これがフィンランドの小学校の六年生の教科書に載っているんです。それをどのような使い方をするかというと、読んでどう思ったかを他人と比較するためだけのものとして使うんですね。

だいたいあれは悲しい話ですから、フィンランド人が読んだって悲しいという感想が出ます。二〇人いれば二〇人になるかもしれない。そこで教えるべきことというのは、「これは悲しい話です、どこがどう悲しいんでしょう?」ということではな

★「かわいそうなぞう」――第二次大戦中、空襲時に予想される危険性回避のため(一説には食糧不足のため)、上野動物園では、ライオン、トラ、インドゾウなどを、当時の職員が薬殺・絶食などの方法で涙ながらに処分した。この話は戦後も語り継がれ、小学校2年生用の国語教科書にも掲載された(昭和49年度版~58年度版)。

自分の個性は、対話を通じて、はじめて見出すことができるもの。

い。悲しがることを強要しているわけではなくて、悲しいと思った人が二〇人いたならば、「ああ、これを読むとみんな悲しがるんだ」と思えばいい。

それでたまに、笑う子が出てくる。笑う子というのは別に「あはは、楽しい」って笑うんじゃなくて、「こんなひどいことを動物にするわけない、これうそっぱちだ、こんなのつくり話だから、それを真に受けて悲しいって言うなんておかしいよ」と、ある種、冷笑的に笑うんですね。そういう子どもがたまに出てくる。そのときに、それに対して「もっとよく登場人物の立場や気持ちを考えながら読んでみましょう」などという指導はしない。その冷笑的に笑っている子が「自分にはつくり話みたいにしか思えないけれども、二〇人いれば一九人は泣くんだな」ということを経験することが大事なんですね。そして残りの一九人の子が知るべきことは「自分は悲しいと思って泣いているし、みんなもそう感じている。でも、二〇人いると一人ぐらいは笑う子もいるんだ」ということなんです。

フィンランドの学校、とくに初等教育段階での文学教育では、何よりも感性や価値観を他人と比較することが活動の主眼になります。個人が自分ひとりで何かをわっと伸ばしていくということよりも、集団のなかで感性や価値観を比較することによって、自分と他人の同じ部分、そして自分と他人の違う部分を、徹底的に自分の経験として感じ取っていかせる。そういうところがたいへんおもしろいと思いましたし、また、日本の文学教育でおこなわれているような感性の教育とは大きく違うものだと感じました。

学びの手順としての型

平田――日本の演劇教育でときどき見受けられるのが、台本をきちんと正しく読むという方向か、完全に自由にしてしまうか、どちらか極端になるケースです。後者では、型というものをつくっていくと、子どもの個性を抑圧するというふうに考えられてきた部分があるんですけれども、演劇は、少なくとも演劇教育は、「演劇」というルールに基づいたゲームなので、それはスポーツと同じなんですね。

「今日は野球やりましょう」と言って、小学校一年生の子どもにボールとバットとグローブだけ渡して「はい、野球やりなさい」って言う先生はいない。まずキャッチボールからはじめるでしょう。サッカーよりもいろいろなルールがあって野球はすごく難しいから、それを理解させる工夫も必要です。アメリカだと低学年のうちはピッチャーはいないんですね。ピッチャーはいなくて棒の上にボールが置いてあるマシンがあって、これを打つんです。小学校一、二年生は動く球を打つのが難しいから、止まっている球を打つんです。それを打って、あとは野球のルール通り。

発達段階に応じてそういうふうにして教えていくのがコーチの仕事のはずなんです。そうしてわかりやすい形でルールを理解させたりするのが大人の仕事なんですね。いきなり「演劇やりましょう」っていうのは明らかにおかしい。

スポーツにたとえるとみんな納得はしてくれるんですけれども、なぜか「演劇とか表現というものは自由にさせたほうがいい」という「信仰」がありますよね。それはほんとうにほとんど信仰に近いことなんです。その信仰を支えていたのが結局、指導者の自信のなさなんだと思います。ちゃんと研究もしてこなかったし。どうやって教えていいのか、よくわからない。

だからまず、発達段階に応じてきちんとしたプログラムをつ

★ PISA：Programme for International Student Assessment —— OECD（経済協力開発機構）による国際学習到達度調査。15歳の生徒（日本では高校1年生）を対象に、「読解力」「数学的応用力」「科学的応用力」を、3年ごとに調査する。（第1回調査は2000年）。日本の国際順位の低下が「学力低下論争」の発端となる。また、フィンランドは全教科で上位を独占し、その教育が話題となった。

くっていって、そこで子どもたちの個性を発揮させるというような、そういうことが、いまいちばん求められているんだと思います。

北川——いま野球の例が出てきて、わたしもＰＩＳＡ★の読解力の問題を思うに、まさにあれは日本の子どもたちにしてみれば学力の問題ではなくて、野球をやったこともない子がいきなりバットとグローブ渡されて「さあ、野球やってみろ」って言われてどうしていいかわからない、ほとんどそういうことに近かったと思っているんです。まったく違うスタンダードのところに放り込まれて、ルールも知らない、どうやっていいかわからない。そういう状況だった。

ＰＩＳＡの問題だって、型があるわけですから、単に点数をかせぐという観点だけでいえば、実はすぐにでもできるんですよ。要は型に慣れているかどうかの問題なんです。ただ、それは、日本で教えている型ではなかったということなんですね。やったことのないことをいきなりやらされたら、うまくできなくてもしかたがない。それを学力低下と言われたのでは、いまの学校の先生たちも、そして何よりも子どもたちも、あまりにもかわいそうというものです。

なぜいま、PISA型学習なのか
153ページ
目的と手段を入れ替えない
195ページ

教育の平等化と型

北川――現在のヨーロッパでは、国語の授業に、言語や文化の壁を超えたところで一定のスタンダードが確立しつつあります。先生の質問のやり方にも一定の型があるし、子どもの答え方にも一定の型がある。子どもが自分の考えを筋道を立てて説明しなければならないときなどでは、項目ごとに整理するためのフォーマットがあって、それに埋めていく形で自分の考えを表現できるようにするんです。

ヨーロッパのレトリック、文章表現技法というのは、その昔は、裁判や広場でおこなわれたスピーチの弁論術からきたもので、本来、型の世界なんですよね。聴衆を前にして効果的に言わなければ、だれも聞いてくれないし、自分の考えを通すこともできない。これは、非常に細かく、ここで何を言う、ここで何を言うということが決まっていたものなんです。

それをレトリックとして、ヨーロッパの教育はずっと受け継いできたんですけれども、それは長い間、エリートのものだったんですね。日本などに比べると、ヨーロッパの教育の大衆化というものは遅かったんです。一九六〇年ぐらいまではエリート教育と大衆教育とはほとんど別だった。

フィンランドもそうなんですよ。いまは教育の理想郷のように言われていますが。それを最近になって、レトリックの方法という非常に型にそった表現を大衆化して、だれでもできるような形にして、教育現場に持ち込んできた。

たとえば、物語を書くという学習を考えると、「さあ、物語を書きなさい」と言われても、書けるのは先生の言っていることがよくわかるできる子だけになってしまう。けれども、最初に、「いつどこでだれがいて、どういう問題に直面して、それを解決しようとしたら失敗し、解決しようとしたら失敗し、最後に解決する」というような形を与える。それでもできなければ「いつ」というのに三つぐらい選択肢をつくる、昔々とか大昔とか百年前とか。「どこで」というのにも三つぐらい選択肢をつくり、それらをつないでいくだけで一つの物語ができるようにする、というふうに型を活用するんです。

そのときに、全員いっぺんにというような無理なことはしません。個々の発達段階に応じて、個々の発達状態に応じた型を与えておこないます。どういうやり方にせよ子どもが自分で物語をつくることができるという学習にするんですね。よくできる子だけにつくらせるのではなくて。型を与えていれば、だれにでもわかる形でどんな子どもでも物語をつくる。おもしろいかおもしろくないかというのはまた別問題として、きっちりとした型があれば、それはだれにでもできる。

問題は、そこからその型を利用してそれぞれがどういうふうに自分の表現にしていくかであって、そもそも物語の構造やパタンを教えないで、物語を書けというのは、それこそバットもグローブも使い方を教えないでいきなり渡して「さあ、野球やってみなさい」と言うのに近いことだと思います。

この方法を日本で実践していておもしろいのは、「さあ、物語を書きなさい」と、何も型を与えないでやってみると、国語の得意な子どもとか、本をよく読む子どもとかが、けっこうまとまったおもしろい物語を書いてくる。ほかの子どもはどうし

はじめから「自由に発言しなさい、自由に書きなさい」と言うことは、ルールも道具の使い方も教えずにスポーツをさせるのと同じ。

ているかというと、まったく書けないまま終わってしまったり、二～三行書いて終わりにしてしまったりしている。そこで、物語の型を与えてやってみると、これなら全員が書けるわけですが、型を与えなかったときは何も書けなかった子どもが、だれもがびっくりするようなおもしろい物語を書いたりするんです。

ただ、物語の創作に型を使ったりしていると、「そんなの子どもの思ったままを自由に書かせりゃいいでしょう」と言う人はいます。また、「インプットをきちんとしてたくさん本を読ませていれば自然と書けるものだ」という意見をお持ちの方もいます。これらを活動主義というんですけども、両極のどちらに偏ってもよくないわけなんですよ。型を用いるのだけれども、型通りで終わっていいということではないし、自由に書きたいという部分も大切にする、両方があってその融合点みたいなところで書かせていくためには、やはり、型がなくてもいいという考え方自体がそもそもいけませんね。

平田——ディベート教育の専門の先生に聞いたんですけれども、ディベートも日本だと、中学ぐらいだといけるんだけれど小学校だとなかなか難しくて、彼は途中から、小学校の段階では台本のあるディベートにして、まず台本をやらせてみたそうです。そうすると、子どもたちが違和感を持ったり、自分の実感とのずれを感じたりするので、そこを直させていく。これは自由なディベートではありません。けれども、そっちのほうが断然、学習効果が高い。ディベート学習も最先端では、発達段階に応じてきちんと教材を用意して、全部を自由にやらせるのではない、型を用いた方法に変わってきているらしいです。

型通りに表現することの安易さと、型を破りたいという欲望のバランスのなかで、その融合点を自分で見出していく。

違和感に敏感になる

平田――型は大事なんですけれども、一方でぼくは、学校をまわっているときに、「わたしの意見は○○です」とか「だれだれさんのこの部分には賛成ですが、この部分には反対です」という、意見の言い方とかが教室に貼ってあったりするのを見ると、これじゃだめだろうなっていう思いを持ってしまうんですね。これは生きた日本語じゃないだろうとまず思ってしまう。こういう言い方をさせたら、子どもは自分の思っていることと型との乖離が激しすぎてしまって、これでは表現にならない。

いくつかパタンを示してあげたりとか、ここところは自分なりに変えていいですよという部分を示したりして、それ自体が学習対象となるようにしてあげないと。自分の意見を言うわけだから、自分の意見を言いやすい型を見つけていってあげないといけないでしょう。これは明らかにテキストの問題だとぼくは思っているんです。

北川――日本の先生は非常にまじめに、型というものを固定的なものとしてとらえていて、「型1」「型2」……というように、意見を言うときはこう、反論をするときはこうっていう型を、よくつくってしまうんですね。そういうことではなくて、表現の型の発想というのはまず、「どういうふうに言うと相手が理解できるか、相手が納得するか」というところにその根本があるんだということを押さえる必要があるんです。そこを押さえないで、とにかく型通りに言えているかどうかばかりに気をとられてしまう。意見を言う場合でも、最初から「なんでもいいから言ってみ

その場その場で、柔軟にデザインできるということが、型の本質。

なさい」では言えないから、たとえば「こういうふうな手順で言ってみましょう」という例を示すことであって、「ここはこういうふうに言うといいんじゃないか」と思ったら、型なんてその場その場でつくっていいものなんです。大事なのは型や手本を示すという発想であって、固定的な型を守り続けることではないんですね。

教室によく貼ってあるのは、どちらかというと「思考の型」なんです。論理の回路を頭のなかにつくるということ。そういう「思考の型」としては使えるんですが、「表現の型」ではないんですよ。「ある意見があって、それを支えている理由はというと、それは、理由一つ目、二つ目、三つ目……」と考える。そのあと「それをどう言うか」というのは、これは個々の表現の問題です。もちろん最初のうちの、うまく言えないあいだは「思考の型」にそって言ってもかまわないんですよ。最初からすべてを求めてはいけない。けれども「思考の型」であるものを「表現の型」

として完結させてしまって、みんなで一斉に「ぼくはなんとかかと思います。なぜかというと……」って発言させていますけれども、これは、なんていうんだろう、かなり不自然というか……。

平田――その違和感というものを、やっぱり先生たちは大事にするべきだと思うんですよ。小学校三年生が「なぜかというと」って言ったら、それは小学校三年生のことばじゃないでしょう、それはどうみても。みんなで発言するたびに「なぜかというと」なんて、大人の会議でだって言わないじゃないですか。だれも使わない日本語を使っているんですよ。それは国語教育じゃないでしょう。

型の形式にこだわって、だれも使わないような不自然な言い回しをさせるような学習は、ことばの教育とは言えない。

北川――あの型は、発想の方式を一般化したものであって、その通り言いなさいっていうことではまったくない。考えるときにはそういう型でおこなって、それを言うときは自分のことばで言うわけですから。コミュニケーションとして非常に不自然なことをさせることにならないようにしないといけない。相手とのコミュニケーションのなかで、相手がわかっているのに「なぜかっていうと」なんて言うのは表現としてとても変なわけで。だれも聞いてもいないし、疑問に思ってもいないのに、いちいち理由を説明するんですからね。

平田――やっぱり教材が少ないんでしょうね、表現教育の。子どものことばからあまりにかけ離れてしまって、大人がイメージだけでつくっている教材をいくら使わせても、それはどんなに内容がよくても、意味をなさない。表現には内容と形式の両方が伴うわけでしょう。どんなに内容が正しくても、形式（型）のほうも、もっとブラッシュアップしていかないと。

接客マニュアルは、型の「教材」

北川――ファーストフード店などで、接客マニュアルというものがあるんだそうで、よく批判の対象になっていますけれど、あれは、表現の型の教材と考えれば、けっこう意味のあるものだと思うんです。ああいう、最低限の型があるからこそ、だれでも最低限必要な接客ができるわけですから。

しかし、そういった型を固定したものとしてとらえてしまうと、それこそ「ハンバーガーを一〇〇個注文したお客さんに、店内でお召し上がりですかと聞く」という笑い話になってしまいます。型というのは、一定の状況を想定した「教材」でしかありませんから、状況に応じて変化させることも、また想定されているんです。やはり、型とは形式ではなく、その発想が大事なのであって、社会において、うまく運用していくことが必要なんですね。

★平成14年度版の中学校用国語教科書（『現代の国語2』三省堂）に、平田オリザによる対話劇の台本が掲載され、学校現場においても対話劇の実践がおこなわれるようになりはじめた。→コラム「目に見える変化のみを期待しない―対話劇の授業」77ページ

自分のことばに置き換える

平田――ぼくは、対話劇の授業★のいちばん最初に、「しょうがないじゃんか、おやじがナイター見てたんだから」というセリフについて、「おやじ」のところを「自分だったらお父さんのことを友達に言うときになんと言うだろう？」って聞いていくんです。「おやじ」って言う子もいれば、「お父さん」って言う子もいれば、「パパ」って言う子もいる。それを自分の使うことばに書き換えていくわけです。

その次は、「わたしも見た」というセリフ。まず他者のほうがわかりやすいんで、それから「わたし」にする。「じゃあ、『わたし』って言うかなぁ？」と。たいていの子は「うち」とか「おれ」とかに書き換えていくわけです。そこがいちばん大事なところだと思っているんです。与えられた型に違和感を持って、自分の表現の型に変えていくという作業を入れておく。

この書き換えという作業は、ふだんは気づかずに使っている自分たちの話しことばを意識化するという点など、いろいろな学習上の意味があるんですが、まず、教科書やプリントに書いてある文を書き換えていいということ自体に解放感がすごくあって、そこには子どもたちの表現の力がばあっと広がっていく瞬間があるんです。どんな子でもプリントを書き換えていく瞬間にみんなすごく顔が生き生きする。

北川――先ほどの「なぜなら〜」という型をとっても、そういうところに敏感な先生だと、その違和感、不自然さに気づいていて丁寧な指導をしていますよね。意見をまとめるときのワークシート

型を破って表現するとき、その人の表現力が飛躍的に広がる瞬間がある。

にその型を書いておいて、その「なぜなら」というところに理由を書いていかせるんですが、それを今度は自分のことばで言い換えて発表するように、そういう指導をするんです。どうしてもはじめのうちはうまくできないから、台本みたいに読んでしまうんだけれども、それをとにかく自然な対話型に戻していく過程をちゃんと設けているんです。

でも現実には、話し合いをさせるときも、「ぼくはなになにだと思います。なぜかというと……」と言わせる指導が全国的に蔓延していますね。さらに、それに反応して、周りの子どもたちが「同じです」「わかりました」と全員で叫んでいたりする。いかにも元気な感じはしますけど、叫ばせるのはよくないと思いますよ。とくに全員で叫ばせるのはよくない。容易に思考停止してしまうから。それから、これは声を出させてはいるけれども、あの型通りの、集団的な発言は、逆に言論を封殺しているのではないかって思うんですけれども、あれはもう全国的な現象ですね。

平田――やっぱりどうしても、「教えやすいように」「評価しやすいように」教えてしまうからじゃないでしょうか。目に見えるものは評価しやすいですから。

北川――あるいは、そこに、規範意識といいますか、教える側の「教室での表現というものはこうあるべきである」「子どもは元気で、はつらつとした存在であるべきである」という、表現観、価値観が強く入り込んでいるのかもしれないですね。

「ここでの表現はこうあるべきである」という、既存の表現観、価値観が強く入り込んでいる人は、型の形式から脱出できない。

平田――そうですね。ぼくも、対話劇の台本を教科書に入れるときや、そのあと、実際にいろいろな学校で対話劇の授業をするなかで言われ続けていることに、ことば遣いの問題がありますから。「だせえ」「おやじ」ということばや、「ら抜きことば」は、子どもたちの日常を演じる演劇のなかですら使ってはいけないいんだという力が働いています。そんな「汚いことば」「正しくない日本語」は使ってはだめだと。恥ずかしいと。

美しい日本語、正しい日本語

北川――「美しい日本語」「正しい日本語」ということがよく言われますが、この概念はひとまず捨てたほうがいいとわたしは思っています。ある日本語を美しいと、正しいと思うかどうかは、これは、ひとつの価値判断にしかすぎないんです。歴史的にスタンダードをつくらないできてしまったという日本語の現実があるわけですから。点や丸、送り仮名も、絶対的なスタンダードは決められていない。実際、社会生活のなかでは、学校で習ったやり方とは違うものをよく見かけますよね。だから「正しい日本語」という場合もそれは、ある地方だけでとか、学校教育のなかでしか共有されていないことであったりするわけで、そういうゆるい価値観の共有のなかでの「正しさ」や「美しさ」でしかない。極端な場合は、その先生の価値観だけであったりしますよね。あの先生はいいって言ったけど、あの先生にはまちがいにされたというような。こういう「正しさ」「美しさ」の強要や押しつけは、異分子排斥にもつながってしまいます。

「美しい日本語」「正しい日本語」は、排斥的になりやすい。ことばの美しさや正しさは、人に強要するものではなく、個人で追求すべきもの。

深刻な移民問題
176ページ

平田――これはぼくも、実際に小学校での授業で経験していますが、教室の二割が日本語を母語としない子どもたちで構成されるようになると、正しい日本語ということにこだわる授業は、そもそも成立しなくなりますね。伝わるかどうかということが重要になってくるわけですから。

美しいということでいえば、ぼくが出会ったいままでいちばん美しい日本語の文章は、大学生の頃に読んだもので、それは当時通っていた大学に留学してきた日系アメリカ人の学生が書いた文章です。自分が思っていた日本と実際に来てみて知った現実の日本とがどんなに違っていたかということを帰国する直前に書いたものですが、文法などにいろいろとまちがいがあって、たどたどしい日本語なんですが、それはほんとうに美しい文章でした。少なくとも、人を感動させるのは、文法的な正しさではないですよ。

北川——実は同じような経験がわたし自身にもあって、フィンランドに行って大学に通いはじめた頃なんですが、フィンランド人が美しいと思うフィンランド語をマスターしたいなと思って、フィンランドの詩を朗読する人のところへ行ったんですね。ヨーロッパによくいる詩の朗読を専門にしている人なんです。非常に発音とか用法とかにうるさい人でした。それで、はじめて先生の家に行った日の帰り、車で送ってもらっていたときに、あなたのフィンランド語はフィンランド人にとっては極めて不自然だって言われたんです。フィンランド人はそんな言い方しないし、ひとこと聞けば絶対フィンランド人ではないってわかると。そのあとに、「けれども、自分の知っている文法の限りを尽くして、相手に伝わるように一生懸命話そうとしているあなたの姿勢も含めて、あなたのフィンランド語はとっても美しい」と言ってくれたんですね。

平田――ほんとにそういうことなんですよ。少なくとも多文化共生のプログラムのなかでは、たとえば、きちんとしているけれども伝わってこないものと、たどたどしいけれどもしっかり伝わるものとを並べて、どうしてこっちのほうが伝わるのかということを考える教材もこれからつくっていかないといけない。美しい日本語だけを目指してきたいままでの国語教育とはまったく概念が違ってきます。

北川――そうですね。そのあたりは微妙なサジ加減が必要なところなので、きちんとつくり込まれた教材が必要でしょう。

型を破ることは、型を無視することではない

北川――表現でもっとも大切なのは相手に「伝わること」。でも、伝わればなんでもいいんだということで、子どもの自由にまかせていては、できる子どもはできるけれども、できない子どもはで

きないまま終わってしまう。だから表現に一般性を与えるために、発想の手順を示した手本として「型」を与える必要があるわけです。

さらに外国語も視野に入れるとなると、「型」についての概念も少し広げる必要がある。平田さんのおっしゃる「人を感動させるのは文法的な正しさではない」というのは、まさにその通りなわけなんですけれども、これを、生半可な言語体験しかしていない自称「国際人」が聞いたら誤解する部分もあるんじゃないかと思うんです。そういう人たちはよく「英語は文法じゃない。気合と度胸で通じさせるんだ」とか、「英語をしゃべるときはまちがえたってかまわない。まちがいを恐れるのは日本人だけだ」というようなことを言うのですが、これは外国語教育としては極めて無責任な態度だと思います。英語を母語としない日本人にとっては、英語の文法こそ、まさに最低限の「型」にあたります。アメリカ人のように生まれたときから英語をしゃべっているのではないのですから、まずは型通りに、つまり文法通りにしゃべってみなければ、それが伝わるかどうかもわからない。

外国語の場合は、まずは文法的な「正しさ」というのが表現に最低限の一般性を与え、それが「伝わること」へとつながるんです。文法を無視し、まちがいを恐れないという姿勢でも、楽しく海外旅行をするくらいならばなんとかなるかもしれませんが、それはまともに対話をする必要がないから可能なだけです。海外旅行でも、たとえばトラブルに巻き込まれ、大変な利害関係が生じているなかでまともに対話をしなければならなくなったら、文法を無視し、まちがいを恐れないという態度がどれほど危険かがわかるはずです。また、外国人と外国語で対話しながら対等な関係を結んでいこうとするときに、文法を無視し、まちがいを恐れない態度というのは一種の甘えととられることもあります。

外国語というのは、どんなに一生懸命勉強しても、完全に使いこなすのは大変です。だから、なんとか正しくしゃべろうとする姿勢が、なんとか自分の言いたいことを伝えようという姿勢へとつながっていくわけです。もちろん、いつまでも文法通りに、つまり型通りにしゃべる必要もないのですが、型通りにすらしゃべれないのに、型を無視してしゃべるのは無謀としか言いようがありません。

今後、多文化共生ということを考えていくとすると、たとえば日本語を母語とする子どもたちと、そうではない子どもたちが同じ空間で学んでいくということも視野に入れていかなければならないので、教材づくりを含めて、こういうことは逃げることなく、真正面から取り組んでいかなければならないと思います。

型を学び、型通りに表現することは、
コミュニケーションの基本動作。
その型通りの表現に違和感を覚えたとき、
また、その型を破りたいという欲望が生まれたとき、
そこに、「自分の表現」「自分の個性」を
獲得する道が開ける。

発想の転換ができるか
―「考える力」と基礎・基本

◎北川達夫

一九八〇年代くらいから、先進各国で「考える力」を育む教育の重要性が言われはじめて、さまざまな取り組みがなされてきました。日本のいわゆる「ゆとり教育」というのも、その流れをくんだものといえます。そのとき、けっこうどこでも問題になったのが、いわゆる基礎・基本、つまり基礎的な知識を覚え込んだり、基本的な読み・書き・計算の能力を身につけたりすることと、「考える力」を育むこととのバランスでした。「考える力」を育むことに熱心になりすぎると、基礎・基本の部分がおろそかになりやすいけれども、基礎・基本の習得に熱心になりすぎると、「考える力」を育む時間がなくなってしまう。

　教育の理想郷といわれるフィンランドも一度それで失敗しています。一九九四年に学習指導要領を改訂したときに、「考える力」を育むための時間数を増やすために、基礎・基本の時間数を大幅に削減したんですね。そうしたら、高校卒業時に受ける高卒資格試験で、とくに基本的な読み書き能力が大幅に低下したことが明らかになったんです。

　わたし自身にも、フィンランドの子どもたちの基礎・基本の低下を実感するような体験があります。わたしは一九九〇年代に在フィンランド日本大使館で文化を担当していたのですが、そのとき大使館の文化事業の一環として「日本に関する作文コンクール」を実施して、フィンランドの中学生から作文を募りました。わたしも審査員の一人ということでフィンランドの中学生の作文をぜんぶ読んだのですが、そのあまりのひどさにびっくりしたものです。いや、ひどいといっても、作文の内容自体はおもしろいんですね。しかし、つづりはまちがいだらけだし、文法的にもまちがいだらけ。日本人のわたしのほうが、よほど正確にフィンランド語を書けると思ったほどです。そして何よりも、字がとてつもなく汚い。一部がそうなのではなく、ほとんどすべてがそんな感じで、まともに読める作文はほとんどありませんでした。これにはフィンランド人の審査員たちもびっくりしてしまって、「いまのフィンランドの教育はなっていない。フィンランド人がフィンランド語をまともに書けないなんて、嘆かわしいことだ」と嘆いていたんです。

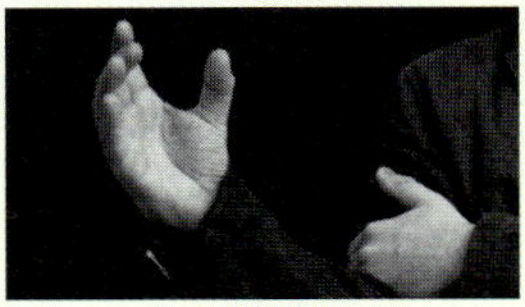

これではいけないということで、フィンランドでは二〇〇一年から基本的な読み書き能力向上のための国家的プロジェクトを実施しましたし、二〇〇四年の学習指導要領改訂では、基礎・基本にあてる時間も増やしました。しかし、フィンランドの先生たちは「これでもまだ足りない」と文句を言っています。つまり、フィンランドは現在でも、基礎・基本と「考える力」とのバランスに悩んでいるんです。

フィンランドといえば、二〇〇〇年と二〇〇三年に実施されたPISAで「読解力世界一」として名をはせた国ですが、そのとき国内では基本的な読み書き能力の低下に苦しんでいたんですね。皮肉な話です。

この点に関して、日本も、現行の学習指導要領（一九九八年告示）でも、新しい学習指導要領（二〇〇八年告示）でも、「生きる力」＝「考える力（問題解決力）」を育むことを重視する一方で、「基礎・基本を確実に身につける」ことも重視していますから、フィンランドのようなことにはならないのかもしれません。

むしろ心配なのは、日本的な価値観からすると、やはり基礎・基本が大事ということで、結局は基礎・基本の習得にばかり力を注ぐのではないかということです。昨今の「ゆとり教育批判」で基礎・基本の強化ばかりが言われていますが、そのあたりにもすでに兆候があらわれています。

要はバランスの問題なのですが、そのバランスの取り方に国によって発想の違いがあらわれていておもしろいんですね。発想というのは、何を「主」と考え、何を「従」と考えるかということです。

フィンランドの場合は、もちろん最低限の基礎・基本の存在は前提になるんですが、明らかに「考える力」を主とし、基礎・基本を従と考えています。何よりも大切なのは自分で考えて、自分の意見を表明することであり、そのために必要だから知識や技能を身につけなくてはいけないというんですね。こういう発想が基礎・基本の低下をもたらした部分もあると思いますが、PISAのように「考える力」を問うテストでの好成績をもたらした部分も大きいと思います。

とはいえ、日本的な価値観からすると、

こういう主従関係を明確にするような発想は耐えられないでしょうね。「考える力」も大切だが、基礎・基本も大切なんだというように、主従関係をあいまいにしておいたほうが安心できる。内容はおもしろいけれど、漢字はまちがいだらけで、字も汚いような作文を書かせておくなんて、日本的な美意識からすると我慢できないでしょう。

　では、そういうふうにどちらも大切だと考えていれば、ほどよくバランスが取れるかというと、そういうことでもないんですね。基礎・基本のほうが正誤がわかりやすいので、教える先生にとっても、習う児童生徒にとってもやりやすいし、傍目にもいかにも勉強しているように見えるので保護者の満足も得やすい。だから、どうしても基礎・基本の習得に重点が置かれがちになってしまうんです。

　もちろん基礎・基本は大切なんですが、それを強調しすぎると、充分な知識を習得するまでは意見を言うべきではないという空気が生まれがちだし、知識や経験の多いか少ないかで意見の優劣を決めるという発想にもなりやすい。こうなると、自由に意見を言える雰囲気ではなくなってしまうんですね。

　何を大切と考えるかは文化的な価値判断によるものなので、どちらが正しい、どちらが優れているということはありません。とはいえ、何かを変えていこうと思えば、発想の部分から変えていこうとしないかぎり、結局は何も変わらないでしょう。

脱・経験絶対主義
60ページ

3 章

ともに生きる力

「やさしいコミュニケーション」の危うさ

北川——表現というものの理不尽さと言いますか、自分のことばが通じないということの体験は、子どものうちから必要なものだと思うんです。これは教育理論で明らかになっていることですが、いつでも通じていたら表現は上手にはならない。わかってくれない人という存在が絶対に必要になってくる。そういう意味では、親や先生には、擬似的に意識的にですが、ものわかりの悪い対話者としての役割があるべきなんですね。「話せばわかる」ではなくて「どんなに話したってわからない」ということがあること、現実の人生なんて話したってわからないことの連続で、その理不尽さに耐えていかなくてはいけないわけですから。

平田——いま、地方に行くと、小学校一年生から中学校三年生まで三〇人一クラスというような学校がたくさんあります。そういう学校でも自己紹介のスピーチをやっていたりして、「はい、太郎くん、前に出てきてください、何をしゃべってもいいですよ、みんなもよく聞いてね」と言うんですけれど、スピーチにならないですよね。太郎くん以外の二九人は太郎くんのことをすでにいやというくらい知っているわけですから。知っていること、わかっていることをスピーチの形式にのせて無理に他人行儀にしゃべることになる。

北川――スピーチというものが、本来、不特定多数、さまざまな人間がいるなかで、自分をなんとかわかってもらうために表現していかなくてはいけないものであるとすると、いまのような全学年単級の、みんながわかってくれているなかでのスピーチは、そういう必然性がまったくない環境ですね。

せっかくのスピーチの授業なんですけれども、「通じ合えないこと」や「誤解」を通して、表現することのつらさや理不尽

ゆるやかなネットワーク
70ページ

さを身にしみて感じるという経験はどうしても生まれにくい。他者との対話を学ぶという学習にはならないんですよね。社会に出たときのコミュニケーションの力にはなかなか結びつかない。それは、先生の課題でもあるけれども、子どもたちの置かれた環境と、そのあとに出て行く社会のコミュニケーション環境とのギャップの問題でもあるんですよね。

平田　成長するにつれて、みんなと違った考えや思いが出てきても、そういう閉じられたコミュニティで卒業するまでずっと同じメンバーで毎日生活していくわけですから、仲間から浮いてしまうようなことをしたり、しゃべったりすることは難しいでしょう。集団から浮いてしまった場合は、もう、いまの地域社会ではほかに逃げ場がありませんから、先生のほうでも、クラスの結束力を高めて、なるべく仲間はずれにしないように、させないように神経を使ってクラス運営をおこなう。相手を傷つけないように傷つけないようにコミュニケーションを取りますよね。

そういう、互いによく知っている者同士の集まった、「やさしいコミュニケーション」環境のなかで育ってきて、企業へ就職する時点でいきなり、自分が知らない人間たち、自分のことを知らない人間といっしょにされる。そこではじめて、社交術を求められたり、グローバルスタンダードだと言われて強い説明責任を要求されたりする。

しかも、少し前までは日本の会社も、ムラ社会の延長のような企業内組合があって、社宅に住んで……というように個人を守ってくれたんですね。でも、もう企業は個人を守るところではないっていうことは、非常にはっきりしてきて、要するに、

表現しても伝わらないことがある。そのつらさや理不尽さを経験しないで育つことの危うさ。

高校ぐらいまで温室のようなコミュニケーションのなかで育っていて、外では嵐が吹き荒れているような状態。そういうことは子どもは非常に敏感に感じ取りますから、自分でコミュニケーションの取り方をどうにかして身につけなきゃいけないという切迫感がある。でも、それを教えてくれる機会みたいなものが、子どものうちはまったくない。

ひきこもり・つながり強迫シンドローム

平田――このギャップに子どもたちはいちばん怯えているんだと思うんですね。だからみんな大人になりたがらない。あるいは、ちょっと心の弱い子は心を病んでしまったり、ニートやひきこもりになる。その一方で社会に出ても、別のチャンネルで常にだれかとつながっていたいという感覚が非常に強くなってしまって、「個の自立」というのがますます難しくなってきていると思うんですね。

このことは、コミュニケーションの場の多様性がない、芸術活動を含めた、いろいろな価値観を持って仕事をしている大人たちの姿に接する機会の少ない地方都市などでとくに深刻になっています。

北川――「個の自立」の問題は、若者たちのあいだで、かなり深刻なことになってきているんだと思います。

高校、大学を卒業しても、そのまま、そうした傷つけ合うことを極端に恐れるコミュニケーション、わかり合っている者同士での、対立のないコミュニケーションをひきずってしまう。それは「いつもわかってもらえる自分でありたい、そして相手

「やさしいコミュニケーション」と「厳しい現実」とのギャップが、さまざまな社会病理現象を引き起こす。

のこともいつもわかってあげたい」という、思いやりといえば思いやりだし、ものすごい「やさしさ」であふれた関係性で成り立っている社会だとは思うんですよ。

けれども、そういう非常に限られた人間関係のなかでこもってしまえば、もうとにかく、メールを一日にいくつも、一〇〇通もやりとりして、お互いがわかり合っていること、つながっていることを確認する作業、閉じられた集団内での、脅迫的ともいえるつながり確認の行動にとりつかれるという状況になってしまう。

こういう状況ですから、仲間うち以外の、グローバルスタンダードの世界に出ていって、もはやわかり合える関係が成り立たなくなっていることを突きつけられた場合、あるいは、仲間うちでも、常にわかってくれるはずの相手だって常にわかってくれるわけじゃないんだという状況に入った場合に、自分を保っていくことの危機が生じてくるんだと思うんです。

★エンパシー：empathy　シンパシー：sympathy
――この二つの用語は一般に混同されることが多いが、ここでは、「自他の区別を前提としたうえで、意識的・能動的に他者の視点に立ち、他者の立場に置かれた自分を想像することに基づいた相手理解のこと」をとくにエンパシーといい、従来の「シンパシー＝同調・感情移入」と異なる概念としてとらえ、「自己移入」という訳語をあてている。

そういうなかで、これから発想として入れていかなくてはならないと思うのが、「エンパシー型★コミュニケーション」という概念です。

シンパシーからエンパシーへ

北川――これまで焦点があたってきたのは、コミュニケーションのなかでも、感情移入型のコミュニケーションといわれるものでした。シンパシー★、これは同情とも訳されますが、つまり相手の気持ちをおもんばかり、自分の気持ちをおもんばかってもらえることを前提としたコミュニケーションです。これは、これまで人間関係を扱うときの中心的な考え方となってきたものなのですが、そのなかで、もう一つ別の考え方として入れていくべきだと思うのが、エンパシー型というもの、自己移入型のコミュニケーションです。

エンパシー型コミュニケーションは、フィンランドとか、ヨ

桃太郎は鬼を退治すべきだったのか
6ページ
表現教育における、対話と熟考のプロセス
13ページ
「だめなことはだめ」はだめ
23ページ

ーロッパの国々がそこを強調してきた部分ですけれど、「いくら察しようと努力しても、結局は相手の気持ちはわからない」という前提に立って、それならば、「もし自分がその立場だったら、どう考えてどう行動していくか」ということを考えていくしかないという、ある意味、クールでドライなコミュニケーションの状況分析をベースにしたものです。

価値観がばらばらになっている社会においては、こうしたコミュニケーションの考え方を入れていかないと、人間関係を調整していくことがいっそう難しくなっていきます。シンパシーを持ちながらも、エンパシー的な発想を取り込んでいく必要性が、日本の社会にも出てきている。自己移入というコミュニケーションの発想を取り入れていけるような教育内容が必要なのではないかと思うんです。

平田——まさにその部分で、演劇の役割は大きいんですよ。演じるということは、他者の気持ちを考えるということなんです。

ただ、これも誤解があって、日本では、演じるっていうと、他者になりきるみたいなところがあって、そこでまた自分と離れてしまう。でも、そうではないんです。

たとえば、ぼくが各地でやっているワークショップのひとつに、「電車のなかで、他人に声をかけて、その人の隣に腰かける」というものがあります。これ、なかなか子どもたちはできないんですよ。他者との距離がうまくつかめないので、妙に馴れ馴れしくなっちゃったり、妙に緊張してしまって、「旅行ですか？」っていうセリフが尋問形式になってしまったりするんですね。

「その人の気持ちになって」考えることと、「もし自分がその人だったらどう感じるのか」を考えることの違い。

そのときに、いままでの演劇教育の指導者たちは、「ほら話しかける人の気持ちになってごらん」って言うんですよ。

北川――それが、シンパシー型といわれる、感情移入型の、同情を基本にしたコミュニケーションによる指導ですね。

平田――ところが、これはですね、意外と難しいことなんです。とくに小、中学生とか高校生にはまだ難しい。感情移入ではなくて、「ふだんは話しかけない自分なんだけれども、もし話しかけるとしたら、それはどんな自分だろうか？」というように考えるとわかるんですね。

たとえば、その高校生がサッカーが好きだとして、相手がサッカーの雑誌をすごく熱心に読んでいる好きなタイプの女の子だったりしたら、「サッカー好きなの？」って話しかけるかもしれない。あるいは、その相手が何か落とし物をしたとする。

拾ってあげて、それが自分も欲しいと思っていたサッカーのグッズだったら、それがきっかけになって、何か話しかけるかもしれない。

「いつもは話しかけない自分だけれども、もし話しかけるとしたらどんな自分だろうか」ということを考えてみること、要するに、自分のなかの他者を発見することが大事なんですね。そういう役割、そういう効果が演劇にはすごくある。

北川――シンパシー（感情移入）、エンパシー（自己移入）という概念を説明するのは、なかなかわかりにくいところがあるんですが、演じるということばを使って、あるいは、演劇教育のなかでその必要性を体感してみると、これは非常に理解しやすいものがありますね。

「相手の気持ちはわからない」という前提に立つ
エンパシーという発想が、
言語、文化、宗教、伝統、性別、世代、立場など、
あらゆる「違い」を超えたコミュニケーションにおいては、
必要不可欠なものとなる。

社交性の再評価

平田――ぼくはよく、コミュニケーション観の転換が必要だという話のときに、これからの社会のキーフレーズは「《協調性から社交性へ》です」って言うんですけれども、社交性というのは「人間同士はわかり合えない、わかり合えない人間同士だけれども、どうにかして共有できる部分を見つけて、それを広げてなんとかうまくやっていけばいいじゃないか」という考え方を基本とするものだと思っています。

でも、「社交性」という概念は、これまでの日本社会では、「うわべだけの付き合い」とか、「表面上の交際」といわれてマイナスのイメージだったですね。大人の社会でも学校教育のなかでも、「心からわかり合おうとするものでなければほんとうのコミュニケーションとはいえない」「心からわかり合える人間関係をつくりなさい」と教え育てられている。それが実は、子どもたち、若い世代の人たちに相当なプレッシャーを与えてきているのではないか。

この社交性という能力の必要性は、異文化の人たちとのコミュニケーションも含めて、個人の価値観が多様化していく社会における、たいていの人間関係について言えるはずです。ビジネスシーンなどもそうですし、北川さんのなさっていた外交という仕事はまさにそうですよね。

北川——まったくおっしゃる通りです。日々の外交業務の現場では、わかるという前提では話さない。ぼくがフィンランドの大使館に赴任した当時に先輩や上司によく言われたことというのが、「わかり合おうなんて思っちゃいけない」ということです。これはベテランの外交官ほど言うんですけど、極端な人になってくると、「人間であるということ以外に共通点はないと思うくらいのつもりでしゃべらないといけない」と。ただ、これは二つ意味があって、そのくらい共通点がないんだと思ってしゃべらなくてはいけないという点と、もう一つは同じ人間だからほんとうに最終局面になればわかる部分もありうるという点です。そのくらい魂の根底までいけば通じるかもしれないけれども、それ以外のところは共通点がないと思ってコミュニケートしないといけないということですね。

また、平田さんは社交性ということをおっしゃいましたけど、外交官として海外に赴任すると、それこそ毎晩のようにレセプションやパーティーに出席して、社交にはげまなければなりませんでした。パーティーといっても、遊んでいるわけではないんですよ。そういうところで多彩な人間関係をつくることが、

心からわかり合うことだけが、コミュニケーションの本質ではない。

コラム「『ほんとうの自分』なんてどこにもない」
31ページ

外交の仕事を円滑に進めるうえで重要になってくるんです。

ただ、これが楽ではないんですね。出席しているのは、同業者の外交官だけではなく、その国の財界や政界の人々のほか、学者や作家や歌手や映画俳優やスポーツ選手なんかもいる。そういう人たちと、とにかく話題をつないでいかなければならない。人間関係をつくっていくためには、単に話題をつなぐだけでなく、話も盛り上げていかなければならない。こういう状況に置かれてみると、コミュニケーションというのが、まったくわけのわからないところから、なんとかして共通部分を見つけていくものだということがよくわかります。

これにはコツがありまして、コツさえ覚えれば、ある程度はできるようになる。そのコツが覚えられないと、永遠にできない。自分の興味や関心にばかりとらわれたり、「ほんとうの自分」を表現することによって相手と心からわかり合おうとしていたりしたら、たぶん永遠にできないでしょうね。こういったコミュニケーションの能力は、体験的に習得していくしかないものとされていたのですが、いまになってみると、学校教育のなかでも体系的に指導、あるいは学習することも可能だったのではないかと思いますね。

平田——昔は外交官とか商社マンだけがその能力を持っていればよかった。実際、そういう現場の人たちはそういう能力をちゃんと持っていたわけです。けれども、いまはそれを全員が持っていないと成り立たない社会になってきているんですね。

これを一般市民レベルに要求するというのは、大変なことなんですが、少しずつやっていくしかないんですよ。ただ、欧米だって何百年も前からやっているわけじゃない、ほんとにここ数十年のことでしょう。

フィンランドの教育改革

北川――いま「グローバルスタンダードな学力が世界一」とされているフィンランド人だって、地縁、血縁集団に戻ってしまえば論理的にしゃべっているわけでもないし、必要最低限しかしゃべらないわけですよ。きちんとしたセンテンスにせずに、単語で話すときだってある。

フィンランドがEUに入ったのは一九九五年なんですが、そのEU議会にフィンランドの代表が行ったとき、やっぱりまわりの大国に押されてひとことも発言できないで帰ってきちゃったんです。それが何度も続いた。ヨーロッパ中の新聞に、「フィンランド代表が来ていたけれども、彼らは自分たち同士で暗号でしゃべっているだけで何も発言しない、たいへん無口な人だった」ってさんざん揶揄されて。

フィンランド人というのはけっこう寡黙な国民性を持ってい

て、ヨーロッパの北のほうの人たちはみんなそうなんですが、そういう寡黙な国民性があって、もともと社交術とか人前でのスピーチというようなものは不得意なんだけれども、どうやってそういう場所でものを言っていくかということを必死で考えてきたわけですよ。

こうした外交官レベルのことだけではなくて、これからの社会の変化、国の変化を考えたとき、いままで持っていなかったコミュニケーションの力が一般の人たちにも必要になるだろうということにフィンランド人たちは気がついた。持っていないならば、それを訓練して身につけていく必要があると考えたからこそ、教育内容の大幅な改革がおこなわれたわけなんです。

いま国際基準の学力No.1とされているフィンランド人は、人前での議論や意見表明などが、むしろ苦手な人たちだった。

★シチズンシップ・エデュケーション：citizenship education――社会に積極的に参加し、責任と良識ある市民を育てるための教育。「市民権」「公民権」などと訳されてきた「シチズンシップ」は、近年は「市民性」と訳され、「市民社会でいかに振る舞うか」という意味を持つようになってきている。市民社会のシステムに参加するスキル、考え方、コミュニケーションについても学習する。

問題が起きてからでは遅い
187ページ

これは必要性が生じたからという部分もあるんですが、同時に、ほかの国を見ればわかるので、先の社会を見越してやっているというほうが当たっていますね、フィンランドの場合は。まだ移民率も低いし、イギリスのような危険性はまだないんですよ。とはいえ、先日のフィンランドの新聞に、現在のフィンランドの移民労働者の数が七万八千人というのが載っていまして、人口五百万人のうちの七万八千人ですし、その七万八千人には家族もいるわけですから、相当に増加してきていることがわかります。また、フィンランドの都市部の学校では、移民の子どもの割合が全校生徒数の二〇%を超えたところも出てきています。わたしがフィンランドに住んでいた頃は、そういう数値が話題になることさえなかったんですけどね。移民の数は今後も増えることが予測されています。移民の受け入れは、先進国の義務みたいなものですから。

フィンランドにしても、ヨーロッパの国のどこにしても、ほっておけば危ない状況にあった。要は、それをほっておかなかったんです。

イギリスの教育改革

平田――表現教育でいまいちばん進んでいるのはイギリスだと思いますけれど、そのイギリスでも、一般市民に広まってきたのは、せいぜい戦後なんですよね。第一次世界大戦後の「シチズンシップ・エデュケーション」★からはじまったわけでしょう。それまでは貴族だけが「ノーブレスオブリージュ」★というものを持っていたんですが、これからは一般労働者にもきちんと市民的な役割を果たしてもらわなきゃならないという動きです。

それから第二次世界大戦後になって、植民地を失っていく過程で、植民地からどんどん人が戻ってくる。植民地の旧支配層が難民のようにして地方都市に流入してきて、マンチェスターとかグラスゴーなどでは、移民がだいたい三割くらいになるわ

★ノーブレスオブリージュ：noblesse oblige――「貴族の義務」「高貴な義務」を意味するフランス語。高い地位や身分にはそれに伴った重い責任や義務があるとする考え方。かつてのヨーロッパにおいては、その社会のために自分の意見や考えを表現するような力は、貴族だけが培っておけばよいと考えられてきた。

ゆるやかなネットワーク
69ページ
問題が起きてからでは遅い
186ページ

けですね、その都市の全人口の。たった二〇年くらいのあいだの変化でした。それと産業構造の転換期が完全に重なったので、地方都市の失業率が二五％とか三〇％になっていった。

それで白人の失業者たちは逆恨みするわけです。彼らは３Ｋといわれるような、低賃金でつらい労働をそれまでは嫌がっていたくせに、移民の人たちがそういう仕事に就いてしまうと、自分たちの職を奪ったといって、移民への差別、排斥運動が起こる。いろいろな摩擦が起こり、コミュニティが崩壊する。これまでの白人中心の安定した社会が完全に機能しなくなる。それで、これではしょうがない、なんとかしなければならないということになる。

そうして、コミュニティ再生のために、スポーツも含めた芸術文化とか表現教育とかコミュニケーション教育とかを徹底的にやっていって、いまのイギリスがあるわけなんですね。

「この国はもはや大帝国ではなくなりました。これからは、

崩壊したコミュニティを再生するために、芸術文化振興、表現教育を徹底的におこなった。そこに、いまのイギリスがある。

この小さい島国のなかで、さまざまな人間がひしめき合って生きていかなくてはなりません。文化も宗教も異なるから、最初はめんどくさいことがあるけれども、結果的には、いろいろな文化や人間によって成り立つ国や社会のほうが大きな力を発揮するんですよ」っていう教育を子どものうちから繰り返し繰り返しおこなっていくわけです、学校で。

その「最初の、ちょっとめんどくさいことがある」というところをどう乗り越えるかというときに必要となるのが、グローバルコミュニケーションスキルというものなんですね。

そうして、「最終的に、多民族国家は大きな力を発揮する」

ということを見せつけるために、たとえば、フランスのサッカー代表チームは、あれはみんな移民の子ですよね。イギリスもほとんどそうですね。そういうふうに、「多民族、多文化で構成されているチームのほうが実は強い力を発揮するんだよ」ということをあらゆる局面でキャンペーンしていく。そして実際に、イギリス、フランスをはじめとしてヨーロッパの国々はそうなったわけですね。

なぜいま、PISA型学習なのか

平田――ですから、OECDがPISAのような調査をするということは、「世界のルールは変わりました、いま、世界の基準はこれですよ。要するに多文化共生ですよ、多文化共生は最初はめんどくさいけれども、確実にそのほうが企業も国家も自治体も学校も大きな力を発揮しますよ」ということを言っているわけなんですね。だから、その「最初のめんどうくささをできるだけ

★落書き問題――2000年（第1回）のPISAで、「読解力」の課題として主題されたもの。サンプル問題として現在は公開されている。文部科学省ホームページ、国立教育政策研究所編著・監訳『PISA 2006年調査 評価の枠組み　OECD生徒の学習到達度調査』（ぎょうせい、2007）などを参照。

軽減するような能力」を子どもたちに身につけさせてくださいというのが世界の趨勢なのに、日本の教育だけが鎖国状態で、完全に取り残されている。

北川――PISAの「落書き問題★」は、落書きは芸術だからしてもかまわないという意見と、落書きは他人に迷惑だからしてはいけないという意見が並べてあって、それを読んで、あなたは二人のどちらの意見に賛成か、理由とともに書きなさいという問題です。

この問題について、日本ではくだらない問題だと言われたものです。だれが考えたって、落書きなんてだめに決まっている

多文化共生社会への移行は、どの国でも、はじめに必ず困難に直面する。その「最初の困難を克服できる力」を育もうというのが、世界の教育の趨勢。

だろう。そんなのは常識だ。いちいち理由を言わなくたって、それくらいのことわかるだろう。だいたい落書きみたいなものを問題にするなんて、道徳的にも教育的にもいかがなものかと。こういう話が出てきています。

確かに、日本国内で日本人同士で「落書きはいけないことだ」という共通の価値体系のなかで考える場合は、その通りなんです。そんなのは常識だといって、いちいち理由まで説明しないほうが自然でしょう。

でも、この調査の背景にあるのはそういうことではないんですね。共通の価値体系の存在を前提としていないんです。価値観を共有しないような人たち、たとえば「落書き」という概念が最初からなくて、それが悪いことかどうか考えたこともないまま壁に絵を描いている人たちに向かって、「落書きだめだろ」と言ったときに「なんで?」って言われて、「そんなことだめに決まっているだろう」では通じないわけなんですね。なんで

「だめなことはだめ」はだめ
22ページ
学びの手順としての型
96ページ

だめだと言っているのかを、きちっと伝えなくてはいけない。価値観を共有していないから、それで納得してくれるかどうかはともかくとしてですね。とにかく自分の価値観で「だめだ」と思ったのであれば、そう思っていない他人に対してもわかるように伝えるという、非常に根源的なコミュニケーションの能力を測っている。こう考えてみれば、別に難しい問題でもなんでもないですよね。

落書きはだめだという道徳観を共有しているのならば、「だめなものはだめだ」でも、それはそれでコミュニケーションとして成り立つんですよ。そうなんですけれども、それが通用しないレベルでのコミュニケーションがいまの世界で求められているんだということなんですね。そういったレベルの発想は日本の教育では求めてこなかった。そのレベルの発想に基づく課題をそのまま日本語に直訳してぶつけてきたものだから、日本の子どもたちには、課題の意図すら理解できなかったのではないでしょうか。だから、あの落書き問題は、いまの平田さんの話を象徴するものなんです。

コミュニケーション観の転換

平田――そこは日本語訳の問題も大きいと思います。日本人でも、価値観の隔たりを感じやすい教材が、まずは必要になってくる。

よく学生たちに言うのは、アメリカのホテルでエレベーターに乗ったときに、無言ってことはまずなくて、声をかけるか目でほほえみ合ったりすると。日本人はエレベーターに乗ると必ず上の表示を見る。見なくても昇っていくんだけど見る。じゃあアメリカ人のほうがコミュニケーションがうまくて日本人が下手なのかというとそうでもないと思うんですよね。アメリカという社会はそうせざるをえない社会だったわけでしょう。自分から相手に形やことばにして「わたしはあなたに敵意を持っていませんよ」っていうことを積極的に示さざるをえない社会。

「以心伝心」のコミュニケーションも大切。「社交」のためのコミュニケーションも必要。あらかじめ正しいコミュニケーションがあるわけではない。

日本人はそれをしなくてよかったわけで、そういう社交的なコミュニケーションとは別の、たとえば、以心伝心で察し合うといったようなコミュニケーション文化を築いてきたわけなんですね。

どっちがいいのかといったら、いちいち社交に気を遣わなくてもいい社会のほうがいいという考え方もあるとは思うんですよ。ただ、そうも言っていられなくなってきた。古きよき時代を懐かしむのもいいけれど、ほんとうにそれだけで大丈夫なのか。

だから、コミュニケーション教育というのは、あらかじめ正しいコミュニケーションというものがあるのではなくて、いま、あるいは、これから一〇年、二〇年のあいだに、どういうコミュニケーション能力がどういう場面で要求されてくるのかということを考えておこなうことがいちばん大事であって、それをきちんと見定めないとだめなんです。

「コミュニケーション能力をつけましょう」「しっかり論理的に話すコミュニケーション力をつけましょう」っていったって、まさにそれは状況があってのものだから、たとえば、家族に対して論理的にきちんとしゃべるようにしましょうっていうことになったらいやでしょう、そんな殺伐とした家族。家族ぐらいはわかり合ったり察し合ったりしたほうがいい。もちろん、そのなかでも、親子のあいだでさえ、昔よりはちゃんとしゃべるようにしなきゃいけないとか、冷静に、是是非非で判断していったほうがいい。

北川——コミュニケーション観の転換というときに、いろいろな方たちから抵抗があるのは、「やっぱり日本は察しの文化だから、その美徳を大事にしたい」ということなんです。コミュニケーション観を変えるといっても、その美徳を捨てる必要はないし、何かいちいち説明しなくちゃいけない欧米型のコミュニケーションに傾倒してそれに染まるというのは、これは大きなまちがいで、どちらがいいかというと、日本人の心情としては、やっぱりいちいち説明しない美徳のほうがたぶん大事だと思う。けれども、それだけではやっていけないんです。やっていけないから、あえて、意識的に自分たちのコミュニケーションをなんとかしていこうというわけで。

「察し合い」の文化を否定し、欧米型のコミュニケーションに傾倒するのは、大きなまちがい。

「説明しない美徳」を超えて

平田――その「察し合う」「わかり合う」コミュニケーションのなかでわたしたちは豊かな文化を築いてきました。たとえば、俳句はまさにそうですよね、「柿食えば鐘が鳴るなり法隆寺」って言っただけで、国民の大半が斑鳩の里の少しさびしげな風景をなんとなく思い浮かべる。これはやっぱりすごい能力であって、そういう能力を日本の国語教育では培ってこようとしたわけですよね、それを感じる力や知識をね。

でも、海外に行ったら、やっぱりそれを説明できないとだめなんですね。「柿食えば鐘が鳴るなり法隆寺」をすばらしいと感じてくれる俳句好きのフランス人も確かにいますけど、ほとんどの人はやっぱりわからないわけです。これどうなのかと。何がおもしろいんだと。

しかし、日本的な感性を説明するのは、多少味気ないことなんです、日本人にとって。柿を食べたのと鐘が鳴ったのと、その関係はなんなのか、いったいその鐘はどんな音色でどんな音量で鳴ったのか、なぜ日本人はここにさびしげな風景をイメージしてしまうのかなどを説明するのは、とても味気ないことなんですよ。でもその味気なさに、やっぱり耐えないといけない。ただ、そこに耐えると未来が開けてくるんですよ。日本人的な感性を持ってそれをちょっと説明できれば、海外の社交の場では、すごく有利な立場に立てる。彼らにはない感性をわたしたちは持っているから。そのちょっとの労力で、きみたちの未来は大きく開けるんだから、もうちょっと説明の仕方を勉強しな

日本的な感性をわざわざ説明するのは、日本人にとっては味気ないこと。しかし、それに耐えることで、社交の場は広がりをみせてくる。

さいよってぼくは大学生を説得するんですけれどね。

相手の土俵に乗り切らない

北川――わたしがやっていた仕事の関連でいうと、外交官とか国際人といわれているのは、どうしてもアメリカ人のマナーを知っているとか、アメリカ人のように英語をしゃべれるというふうに勘違いされがちなんですけれども、優れた外交官というのは、極めて日本的な論理を外国人が納得するように伝えることのできる人間なんですよ。アメリカ人の言っていることをわかる人間じゃない。アメリカ人のようにしゃべる人間でもない。日本人の考え方を相手が納得するように、理解できるように説明できるのがもっとも優れた外交官。なんとなくアメリカのことをよく知っているとかイギリスのことをよく知っているのが国際人だっていう感覚があるけれど、それは全然違う。

国際会議というものを考えると、まず、それぞれの国の外交官は片足を自分の国のところに置いている、だからいろいろな立場がいろいろな次元にある。それで、もう一方の足は、みんなで同じひとつの土俵に乗っけている。そういう、どこの国でもない、ひとつの土俵みたいなものを仮定して、そのなかで話していく。ただ、同時に片足はいつも自分の国に置いている、そういうような話し方が国際会議の理想的な姿だというふうにいうわけですね。

日本の外交官の最大の欠点というのは、意外と器用なんですよ、相手としゃべるときに相手の土俵にうまく乗っかってしまうんですね。

たとえば、国際会議があったときにアメリカ人と話しますね、そういうときに、アメリカの論理で、アメリカ人のコミュニケーションのスタイルのなかで話す。それで、その内容を日本で発表するときに、日本での記者会見用の原稿をつくるのがいちばん大変なんですよ。あらためて日本用に日本のスタンダードに合わせてつくり直さなければならないから。
完全にコミュニケーションを分けてしまって、相手の土俵にうまく乗っていくのは意外と上手なんですね。ところが、それがあるがゆえに、自分の足場に立った主張ができにくくなってしまって、日本の外交は弱くなってしまう。

グローバルコミュニケーションのツボ

平田――向こうのスタンダードだけでやってしまうと、それは価値があんまりないんですよ、向こうにとっても。同じ価値を持っていて、ただ英語の下手な人になってしまう。だけど、こちらにしか持っていないものがあって、それを向こうの言語や思考様式でちょっと説明してあげると、それは相手にとっては新しい価値と出会うことになるので、すごくありがたがられる。

北川――わたしはフィンランドに行って、死ぬ気でフィンランド語を勉強しました。こうしてフィンランドのことがよくわかったので、日本人にフィンランドのよさを説明するのには困らなくなった。ところが、大使館に勤めてやらされたのは、日本の行政の決まり文句である「前向きに善処する」ということの美徳をフィンランド語で説明することだったんです。つまり、フィンランド人に日本のよさを説明することだったんですね。

こういうことでも、ちゃんと説明すると、「自分たちはそうは考えないけど、そういうのって日本の奥ゆかしさなんだろうねぇ」って最終的にはわかってはくれるんです。自分たちはそういう言い方をしないけれどもって。ただそれをそのまま直訳

グローバルコミュニケーションのポイントは、常に「自分の立ち位置」を明確にしておき、相手の土俵に乗り切らないこと。

★熟議の民主主義：Deliberative Democracy――1980年代の造語。「対話型民主主義」とも訳される。deliberationは「熟考」「熟慮」「討議」「熟議」の意で、古代ギリシアに遡る政治理念。90年代に「公共性論」「コミュニケーション論」で知られるドイツの哲学者ハーバーマスによって論じられ、現在に至るまで多岐多様に深化・展開を続けている。価値観多様化社会を迎え、道徳的・文化的な対立や不一致が法的政治的論点として出現し続ける状況がその背景にあるとされる。

して、何を言っているんだかわからないようにしてしまったり、あるいは、フィンランド人の論理でそれを言ってしまったならば、それはいつまでも理解されない。だからよく、グローバルスタンダードのコミュニケーションというと、なんだか日本人であることをやめなくてはいけないようなことを言う人がいるけれど、そうではなくて、日本人であろうが何人であろうが、自分の立ち位置を明確にして、それをしっかり言えるようにするのが大事なことなんです。

対話を支える精神的体力

平田――ある国会議員と話をしていたときにその人が言っていたことばに「熟議の民主主義★」というものがありました。徹底的に議論し尽くすことによって支えられる民主主義ということですね。「熟議」というのは、互いが疲れて、もう決着つけようとなるまで徹底的に議論するということ。政治用語だそうですけれども、そこのところの体力が、まだ日本人にはないという感じがします。まあまあまあ……という感じになってしまう。あるいは、逆ギレするか。

異なる感性とか異なる価値観をすり合わせていくのは大変なことなんですけれども、それをいとわないという習慣を身につけていかないと、少なくとも異なる文化的背景を持った人とは仕事にならない。そういう精神的な体力がついてないのではないかと、学生などを見ていても思います。

北川――ヨーロッパ人と対話をしているときと日本人同士と対話をして

感性や価値観の違う者同士が、徹底的に議論し尽くす。それをいとわない習慣と精神的な体力が、日本人には不足している。

いるときとでいちばん大きく違いを感じることは、日本人だと対立を回避する方向で話が流れていきますね。それで、いま言われたようにすぐ、まあまあまあと、見解の違いはさておいて、というふうになりがちですね。

ヨーロッパ人たちと対話をすると、対立点を積極的に見つけていくんですよね。意図的にどんどん対立させていって、お互いが考えているところと少し違う次元のところに話をもっていこうとする。

平田――日本人は合意できるところからだんだん積み重ねていきますね。向こうははじめにばーんとくる。それからハードルを下げてきて、交渉しているうちにどうしても譲れない線が見えてきたりするんですね。

うちの事務所でも若いスタッフなんか最初はびっくりしてしまう。海外からメールが来ると、要求がすごく高いところから言ってくるから。わたしたちはなかなかそういうふうには言いにくい。日本では、一度言ったことが変わることをとても嫌う傾向がありますよね。自分がうそついたような感じになるから。

「変わること」を前提として

北川――相手の見解があって自分の見解がある、それが対立する、対立するとお互いが変わってくる。まさに、その変わってくるところを楽しめるか、そこを重視できるかですよね。

回避をせずに、対立を恐れないでぶつかって、そのうえでお互いにどう変われるか、そのプロセスを理解することが対話では重要になってきます。回避してしまえば、その場の摩擦を避けることはできても、お互いすれ違いですから、本質的な問題は何も解決しません。

平田――お互いが変わっていくことを前提にして話し合いをはじめられ

るかどうかが大きいですね。どちらかが勝つか負けるかではなくて。でも、どうしても勝ち負けになってしまいがちなんですね、日本の場合は。両方が変わるということをなかなか前提にできない。

北川――勝ち負けになるか、どちらも引いてしまって、互いに不満なところで妥協点を見つけてしまうか。

ただし、妥協というのを否定的にとらえると、これまた対話はできなくなってしまいます。ここで議論やディベートと混同してはいけません。議論やディベートは相手を説得することが目的だから、妥協というのは、お互いに説得に失敗したということで否定的にとらえざるをえない。

しかし、対話というのは、価値観を意図的に衝突させ、それによってお互いに変わっていく作業なのですから、ある意味で前向きに妥協点を探す作業ともいえるんですね。

多文化共生というのは、相手を圧倒するとか、相手に圧倒されることを前提とするのではありません。いっしょに生きていくことを探っていくことなんですから、お互いにとってどうするのがハッピーだろうということになる。価値観が違うのならば、お互いの価値観をすり合わせて、ハッピーな妥協点を見つけていく。そのためには、お互いに変わっていくしかないんですよね。

どちらかが勝つか負けるかではなく、互いの考えが変わっていくことを前提として話し合う。

妥協することはマイナスではない。
互いの意見を衝突させて、
前向きに「妥協点」を見出していくことこそ、
対話の最高到達点。

★キー・コンピテンシー：Key Competencies――OECDが1999～2002年にかけておこなった「能力の定義と選択」(DeSeCo)プロジェクトにより生まれた新たな能力概念。言語を運用する能力、他人といい関係をつくる能力、争いを解決する能力、人生計画を設計し実行する能力などが組み合わされた、個人の人生にわたる根源的な学習力をいう。生涯を通して成長し変化するものととらえられている。

生きる力＝対話力

北川――対話は高度なディベートのようなものではまったくない。ほんとうに生きる力に密着したもので、欧米のいまの社会においてはこれがなくては生きていけないんですよ。こういう生活に密着した力のことを「キー・コンピテンシー★」といいます。性別や年齢層はもちろんのこと、言語や文化の壁を超えて必要とされる能力ということですね。

「子どもたちや若い世代の人たちにとって必要なコミュニケーションの力とは何か」という問いに対して、「論理的に考えて、それを論理的に相手に伝える力である」という答えが、いまはあたりまえのように用意されていますが、まず必要なのは、もっと日常的で、お互いの価値観の違いをすり合わせていくようなコミュニケーションの能力なんだと思います。それは友達や家族とのおしゃべりでもなければ、教室での形式的な討論でもない。そこで対話という概念が出てくるんですね。

平田――対話型のコミュニケーションでは、必ずしも全面的に共感しなくてもいい。「この人の言うことちょっとあやしいけど、いまは聞いとくか」とか、「だいたいわかったけれどでも、わたしはやっぱり賛成できないな」というのもありなんですよね、対話の場合。

そうすると、そこでは人間性がすごく出てきます。そこが本来いちばんコミュニケーションにとっては大事なところなんです。論理でねじ伏せられるようなことというのは、実生活では、実はとても限られた場面でしょう。その場合は、最初からディベートの必要などないことのほうが多いんです。

本来、社会で生きていくために必要なのは、共感を得たり、違和感を覚えたりを繰り返しつつ、お互いに粘り強くコミュニケーションを続けていくという力であるはずです。

それには、そうしたコミュニケーションの技術だけではなくて、三〇分でも一時間でも、あきずにキレずに、価値観の違う相手と対話を続けるだけの精神的な基礎体力が前提となります。それは、大学生くらいになってからではなかなか身につかない。技術はあとからでも身につくけれど、やはり子どもの頃から少しずつ楽しみながら、コミュニケーションの体験を重ねて、対話の基礎体力を養っておく必要がどうしてもあるんです。

価値観の共有を前提としない。
勝ち負けを競わない。
変わることをよしとする。
いま、ニッポンに必要なのは、「対話」の発想を、
家庭、学校、職場、地域のコミュニケーションに取り入れること。
そして、互いの違いを受け入れたうえで、
対立を恐れずに話し合いを尽くし、
問題に対処していく力を、
ひとりひとりが育てていくこと。

終章

移民社会への秒読み

表現教育における、対話と熟考のプロセス
12ページ
美しい日本語、正しい日本語
114ページ

深刻な移民問題

平田――ほんとうに移民の問題は複雑で深刻です。日本は深い海と日本語という大きな障壁に守られているので、移民の人口比率はとても低く保たれてきました。でもこれもせいぜいあと二〇年。

世界でも類を見ない速さで進む少子高齢化によって、日本の労働人口は急激に減少しつつあります。現在の経済水準を保つとすれば、つまり、この豊かで便利な暮らしを国民みんなが続けるのであれば、海外からの労働力に頼るしかありません。

二〇年後には、日本の全人口の一〇%なり二〇%なりは移民で構成されることになります。

二〇〇五年のある時期、ぼくは、東京の新宿区にある大久保小学校という学校で一連の授業をしていました。当時、子どものうちの三割は親のどちらかが外国籍でしたが、二〇一〇年には、五割になる見込みです。いま東京都内で生まれてくる子ど

★新宿区では、1997 年に生まれた、親のどちらかが外国人の子どもの割合が 5 人に 1 人で（「子ども家庭総合研究事業」平成14年度報告）、2000年の調査では、区内の認可保育所において、平均 5、6 人に 1 人が外国人の子どもであり、65 %が外国人の子どもというクラスもあったとされている（立教大学社会福祉研究所「社会福祉ニュース第 22 号」）。日本人の国際結婚の割合は、2005 年において、全国で 5.8 %、東京都では、9.2 %を占めている（「婚姻に関する統計」厚生労働省、平成18年度）。

もの一割が、親のどちらかが外国籍なんですね。★
少子化問題というのは、これは労働力問題なんです。経済を支えるために不可欠な労働人口の不足をどうするか。現実には、多かれ少なかれ、海外から人々を受け入れて、その労働力に頼るしかない。そうした場合に生じるさまざまな問題をどうするかというのが本来の労働力問題なんですけれども、日本は少子化問題とすり替えている。

この移民政策、労働力問題は、ヨーロッパの国ではどの国でも総選挙のメインイシューになるような深刻で大きなものです。ところが、この視点でものを言える政治家が日本には少ない。この問題に対する国民の当事者意識も低すぎる。日本はまったくのんびりしています。

ぼくはいま、大阪大学の看護学科の学生にも教えているので、看護の先生方とよく話すんですが、この学生たちは一〇年後にはフィリピンやタイの看護師さんたちといっしょに仕事をすることになっています。これはもう決まってるんですよ、政府間の協定を結んでいるから。年間何千人単位で、アジアの看護師さんたちが入ってくる。★でも、日本の教育のどのレベルにおいても、どうすれば、文化や宗教が違う国から来る、異なる価値観を持った看護師さんたちと医療の現場でうまく仕事が進められるかを教えてくれる授業がない。

一〇年後に学生たちが困ることがわかっているのに、何も教えないというのは明らかに教育の責任回避、あるいは、問題先送りでしょう。こんなことは、よその国を見ていればわかることだし、もう政府が協定までしているのに準備を怠っている。

「国際理解」という授業

平田――ぼくは、いまから、小学校の段階で表現とかコミュニケーションの授業をもっと徹底的にやって、それから中学、高校では「国際理解」なり「国際関係」というような授業をやっていか

★フィリピンと日本（2004）、インドネシアと日本（2007）の2国間で締結した経済連携協定(EPA)に基づくもので、2年間で両国からそれぞれ1000人（看護師400人、介護福祉士600人）を上限として、2008年夏より看護師や介護福祉士の受け入れをおこなう計画。介護士受け入れは、タイ政府とのあいだでも2005年に大筋合意となっている。

ないと追いつかないと考えています。

同じ集合住宅に、イラン人とドイツ人と日本人とが住んでいて、ゴミの出し方とかカラスよけのネットをどうするかについて話し合うシミュレーションを子どものうちから徹底的にしないといけない。これは、ディベートですむ問題ではないんです。白黒つく問題じゃない。だれかが起きてカラスよけネットを朝の五時に出さなくてはいけないんですよ。前の晩から出しておいてはだめなのか、守らない人がいるけれどどうしたらいいだろうとか。そういうことを、異文化の、異なる習慣を持っている人たちと話さないといけない。

外交や政治の問題を扱うのではなく、「ゴミの出し方」「草取り当番」という日常的な問題を考えていくことこそが、いま必要な「国際理解」の授業。

そういうことは、この二、三〇年で出てきたことであって、外国人との話し合いなどということは、かつては、外交官か商社マンだけがやっていればよかったんです。でも、いまは違います。やらざるをえなくなった。社会が変わったんです。それなのに、どこの学校においても、隣のイラン人とどうやってうまくいっしょに生活していくかを学ぶ授業がないんです。あきらかに必要になっているのに授業科目にないというのはおかしいでしょう。

北川――最近は、早期からの英語教育が大切だと言われているようですが、単純に「《英会話ができる》＝《国際理解が進む》」ではない。いまの平田さんの話からしても、これから必要なのは英会話の能力ではないですからね。

平田――必要なことを学校教育で学んでないですよね。外国語に親しみを持つという意味でなら小学校から英語を教えることに反対はしません。しかしそれなら、同時に中国語や韓国語くらいは教えたほうがいい。もちろんそれぞれの国の文化に触れる授業としてです。

いまの大学生だって、アルバイト先で中国やイランの人たちとすでにいっしょに仕事しなくてはならないのに、なんにも学んできてないでしょう。相手の文化とか習慣、相手が何を嫌がるかとか。ぼくは、外交でも近所付き合いでも、基本的には、相手が何を嫌がるか、相手がどうしても譲れないことは何かをちゃんと知っておくべきだと思うんですよ。

知識として学ぶべきこと

北川――異文化コミュニケーションというものを考えるとき、人種差別というのが、その人種について肯定的なイメージを抱くことができれば回避できると言われていることから、相手の文化の尊重というのは重要な要素となります。

それに加えて、共生ということを考えると、相手が何を絶対的に嫌がるかということを学ぶのはとても大切なことなんですね。外国に住む場合もそうですけれども、そこで決してやってはいけないことをまず知らないと住めないですよね。文化によって互いにそういうものがあるということは、対話の前提としても知っておくべきことです。

平田――表現の学習をしっかりやると同時に、多文化社会のなかで生きていくために必要な知識もちゃんと学校で身につけておく。これは、具体的な問題として扱っていく必要があります。たとえば、いま日本の学校ではイスラムの文化や習慣のことをほとんど教えてないでしょう。多文化共生のためには、知識として知っておかなくてはいけないことがあるんです。

マレーシアのスーパーのレジは、それぞれの宗教によって違うんですよ。イスラム教の人は豚肉を食べないだけではなくて、触れられないですから、そうやっていくしかないんです。好き嫌いとかわがままというレベルではなくて、それは生きていくうえでしょうがないことなんです。

北川——フィンランドの教科書でも、具体的な国名を出してやることになっています。たとえば、カンボジアから転校生が来たらどうするか、というようなことをやるんです。カンボジアはどんな国で、どんなことばをしゃべっていて、どんな名前の人たちがいるか……というように、とても具体的に細かく学習するんで

「相手が何を絶対的に嫌がるか」を学ぶ。異文化コミュニケーションの前提としても、互いにそういうものがあるということを知っておくべき。

す。子どもたちには、まったく想像もつかないような遠い国が出てくる。それで、ことばが通じないときにはどうするか、身ぶり手ぶりなどノンバーバルなコミュニケーションによって伝えるシミュレーションをするんです。時間を聞くときにはどうするかとか、給食の食べ方をどう教えるかとかいう具体的なことを劇にしたりしてやっていきます。

平田——近い国についてもやるんですね、エストニアが出てきますね。そこの人とはフィンランド語がちょっと通じる。そういう状況が学校教育のなかに出てきて学習できるようになっている。

ですから、少なくとも、中学校くらいで、「国際関係」という授業を週に一時間でもつくって、中国や韓国の人たちの文化や習慣を知識として学んでいくようにする。アジアの近現代史をどう教えるかという歴史教科書の問題は、たいへんデリケートで難しいんですが、それも、こういう授業のなかで扱ってはどうかと思うんです。同じ事実を、日本ではこう教えている、韓国ではこう教えている、中国では……というように学習する。歴史の時間では難しくても、「国際理解」「国際関係」という授業の枠組みなら、これは可能なことでしょう。

問題が起きてからでは遅い

平田――日本が多民族、多文化共生社会となるのを、いまはまだ遠い先の話だと感じているかもしれませんが、それはあっという間ですよ。二〇年後の渋谷のスクランブル交差点は、おそらく歩いている人の三割以上が従来の概念でいうところの「外国人」です。地方都市でも、電車のなかもバスのなかもスーパーも病院も学校も、一割から二割の人が「外国人」という風景が、日本全国にあっという間に広がっていく。

日本人は多文化を受け入れることに免疫がないから、いまのままでいけばものすごく深刻ないじめとか、社会的な断絶が起

★同調：conformity――個人の意見や行動が、所属する集団の多数派勢力に合うような形に変化することをいう。社会の慣習や流行などの現象のほか、いじめ問題などで、第三者的な立場の人間がそのいじめに加わらなければならなくなるような行動・心理も、その現れとされる。「同調行動」「同調圧力」。

★PISA――95ページの注参照

イギリスの教育改革 148ページ

こる。それはだれだって想像できますよね。こんなに同調圧力★が強い国に、このままの状態で移民が人口の二割三割入ってきたら、精神的にものすごくすさんだ国になってしまう。そこがいちばん心配なところなんです。

北川――移民問題を考える際に大事な点は、いちどきに急激に増えるということです。五人ずつ増えてくる、一〇人ずつ増えてくるというのではなくて、ヨーロッパの最近増えた国を見ても、蓋を開けてみたら、まわりがみんな移民だったっていう状態がいきなり出現するんですね。だから問題が起きてから用意するのではあきらかに遅いんですよ。

いまのフィンランドの教育関連でいえば、次のような話があります。PISA★でフィンランドがいい点数をとってから、世界中から調査団が行っています。日本からも、どこよりも多くの調査団が行っている。その日本の調査団が聞くことは、判で押したように決まっていて、どうしてフィンランドはＰＩＳＡでそんなにいい点がとれるんですかということばかり。けれども、ほかのヨーロッパの国々の調査団が聞くのは、フィンランドはこれからどうするつもりなのかということなんです。いまはほとんど単一民族で、ほとんど単一の文化でやっているから点数がいいのは当然だけれども、「今後、移民が増えてきたらどうするつもりなのか」ということなんですね。今後フィンランドもＥＵの一国として義務を果たそうとすれば、移民もどんどん増えていくだろうと。そうなったらどうするんだという質問なんです。そこのところでグローバルなコミュニケーション

フィンランドの教育改革
146ページ

このまま移民の人口比率が高くなっていったら、深刻ないじめや社会的な断絶が起こる。日本は、ものすごくすさんだ国になってしまう。

力を育むための教育方法が紹介されることになるわけで、日本の調査団も、そこを見てくればいいんです。ところが、とくに教育関係の人だと、あまり関心がないのか、そもそも問題意識がないのか、そういう部分はあまり聞いていない。

いま日本でもＰＩＳＡ型学習というものが急激に広まりつつありますが、その背景にあるものはほとんど理解されておらず、それを知っている人もあまり言おうとしない。移民問題も視野に入れてというようなことを、ほとんどだれも言わない。

グローバルなコミュニケーション能力が必要であるのは、日本が国際社会に出て行くためだという、前向きな明るい未来のためだけにあるように思われているけれども、ここには、むしろ国内の、実に身近で深刻な問題があるんです。

「内なる国際化」と向き合う

平田――だから、ぼくが考えている異文化理解、国際化というのは、三

グローバルなコミュニケーション能力は、社会の「内なる国際化」にとって必要なもの。二〇年後の国民ひとりひとりに求められる、「生きる力」である。

つくらいあって、一つは、従来型の、日本人が海外に出て行くということと外資系の企業が国内に入ってきたりすること。もう一つは、移民の問題ですね。三つ目は、日本人同士がもういままでみたいにわかり合ったり、察し合ったりできなくなるということなんです。日本人同士でも価値観がばらばらになっていくから。これはどの先進国も経験してきていることです。この三つくらいをセットで考えないといけない。異文化理解、国際化というと、いままでは、それを待ち望んでこちらから進んでいきたいくらいに前向きな、いいイメージのことだったから。

ヨーロッパの出生率がV字回復してきていると言いますが、

あれは多くが移民の子なわけですよね。低所得者層のほうが出生率が高いから、だからV字回復するんですけれど、ヨーロッパのどの国も人種差別の温床になるので、民族ごとの出生率は出さないんですよ。おそらく統計は持っていても出さない。それを日本の政府もわかっているはずなんですけれど、それは言わないんです。それを意図的に隠しておいて、子育て手当を出すとか、育児休暇制度を広めていくような政策で日本の少子化率はV字回復しますよって言っているわけなんです。これはいんちきです。もちろん制度の改革は必要ですが、もうそれだけでは追いつかない。

北川――実際、移民が増えればどうなるなんていうことは、わたしが外務省にいた当時から、公然というか常識の範疇であって、だれでも知っていることでしたけれども、表立ってだれも言えなかった。

平田――選挙で不利な立場になってしまうから。少なくとも票にはならないし。でも、それはヨーロッパの状況も同じなんですよ。状況は同じなんですけれども、それをきちっと言わなかったら、政治家としてその問題から逃げていることになるから。そう国民に判断されてしまう。だからヨーロッパでは選挙の話題になるわけです。

北川――PISA型学習の真意にしても、責任ある立場といいますか、決定権のある立場の人たちは、おそらくほんとうに問題が顕在化するまでは、いまのままだったら言わないですよね。いままで隠してきてしまったから、いまになって言うのも変な話ですし。

論理的に考え、論理的に表現するということは、ある意味で基礎・基本の部分の話にすぎないということなんです。それを身につければ日本人が国際的に通用するようになると言う人がいるけれども、それだけの話ではない。なぜそれをOECDがやるかというところにも重要な点があるわけで、そういう社会、移民の流入による多文化共生・多民族共生社会の到来は、だれもがずいぶん前から予測できていた、と言いますか、完全にわかっていたことだったんです。

目的と手段を入れ替えない

北川——だから、目的と手段を入れ替えてしまって、意見を言うための意見とか、論理を使うための論理とか、無目的に論理的な話し方や書き方の練習をさせていても、それはまやかしにしかならないんですよ。日本の伝統的な社会に依拠した場では、それでも通じるかもしれません。でもそれは、同じ価値観のなかで通じ合っているだけのことなんです。

まったく自分の価値観の通用しない相手、それは同じ社会のなかでも存在しうるんですが、ましてや、まったく違う言語、文化、宗教を持っている相手に対応していけるようなコミュニケーション能力に結びつけていかなければならない。そういう力をつけるつもりでいて、現実には全然通用しない力でしかないとしたら、先生たちも、子どもたちも、がんばっただけの意味がない。それで仮にＰＩＳＡの国際順位が上がったとしても、これまた意味がないんですよ。

変えるならばいましかありません。もっと問題の本質のところをつかないと。別にわたしたちを待ち受けているのが暗い未来というわけでもないんですが、明るい未来というようにきれいごとの建前だけを言って、目標も目的も手段もごちゃごちゃにして、何かプラスになることのような錯覚を与えるのはよく

論理的に考え、論理的に表現するということは、「ともに生きる力」を育む教育プロセスの基礎・基本の一部分にすぎない。それは、手段であり、目的ではない。

ない。事実をしっかり見据えて、いま置かれている状況を把握しないことには、目標の立てようもないし、目的と手段を選ぶこともできないじゃないですか。

平田――これも繰り返し言ってきたことですけれども、日本人というのはきまじめで、目的と過程がすり替わってしまうようなところがあるので気をつけないと。

たとえば、ＰＩＳＡで一位を取ることを「目的」とするのであれば、韓国型の教育システムを取り入れるという選択肢だってあるわけなんです。ただし、韓国人一〇〇人に聞いたら、おそらく一〇〇人とも韓国の教育制度がいいなんて言いませんね。教育制度がいやでみんな海外に移住してしまうんですもの。ほんとに深刻なんです、韓国の教育問題というのは。日本人が想像する以上です。受験勉強のためにかける教育費用が家計費の三割くらいを占めるようなことになっているんですよ。

学びの手順としての型
96ページ

北川――韓国は大学の入試問題までPISA型に変えて、トップダウンでPISAに対応したんですね。塾でもみんな、PISA型のテスト対策を徹底的に教えた。結果、「読解力」では今回フィンランドを抜いて、一位になりましたからね。

PISAのテストでいい点を取ることだけを目的にするのであれば、韓国のまねをして徹底的に練習をすれば上がります。テスト慣れしている日本の子どもたちであれば、それこそ、二時間くらいかけてやり方を説明して、何回か練習を積めば、少なくともフィンランドよりは、はるかにいい点が取れるようになるでしょうね。

ただ、そうやって身につく力は、テスト対策としての力でしかない。テスト対策の力をつけたところで、わたしたちを待ち受けている問題の解決にはほとんど役立たないですよね。

平田――だから、今回、受験問題まで変更させてPISAで一位を取った韓国でも、移民とのコミュニケーションにおけるトラブルは必ず起こりますよ。日本以上に深刻な問題になるかもしれません。これはだから、点数や順位の問題ではない。

わたしたちは、どこに向かっていくのか

北川――点数を上げるということでいえば、これからどんどん成長していこうという国にしてみれば、PISAの点がよければ、国威発揚につながるという効果もあるんでしょうね。アジアの、たとえば、台湾などにしてみてもそうですが、どんどん新規参入していって、それでいい点を取っていこうというところもある。そういう意味では、PISAにはいろいろな目的があるんです。OECDのほうにも、発展途上国が先進国の仲間入りをしていくときに、「ああいう試験ができなければ、今後、先進国としてやっていけないんですよ」ということに使っている部分もないとはいえませんし。

一方で、もうかなり成熟した先進国の場合は、また違う目的で考えていかないといけないんですね。自分たちの順位というよりは、自分たちの問題がどこにあるかを自分たちで見極めるためのテストとして使うべきなんですよ。

日本が一〇位だろうが一五位だろうが、別にそんなことはたいしたことじゃない。逆にいえば、一五位が一位になったからといって、必ずしも問題が解決したとはいえない。ほんとうに試されているのは、学力観の世界的な変化のなかで、わたしたちの進むべき方向を主体的にしっかりと決めていけるかどうかということ。その進むべき方向を支えるシステムを構築できる

いま、ほんとうに日本が試されているのは、学力観の世界的変化のなかで、進むべき方向を主体的に決めていけるかどうか。

かということ。

もちろん、進むべき方向は一つだけではありません。たとえば、ちょっと極端にいえば、学力観の世界的な変化も無視し、グローバル化する世界にも対応せず、日本経済を縮小させてでも移民を拒否するという選択肢もないわけではないんです。いわば現代の鎖国をするという選択肢ですね。ただ、どのような選択肢をとるにせよ、そういった未来における世界の変化、日本社会の変化に対応していかなければならないのは、わたしたち大人ではなく、わたしたちが育むべき子どもたちであることを忘れてはいけない。これから子どもたちは、わたしたち大人が経験したことのない世界を生きていくことになります。それにもかかわらず、そういった変化に対応できるような準備をさせることなく、そのまま子どもたちを世界に放り出すのは、大人としてはあまりにも無責任だと思います。

これからの子どもたちは、
だれもいままで経験したことのない世界を
生きていくことになる。
それを考えて教育をおこなうのが、
大人の責任。

あとがき

北川達夫

最近、「考える力」ということばをよく耳にする。教育では考える力を育むことが必要だし、ビジネスでも考える力が大切だという。

「考える力が必要かどうか」と聞かれれば、だいたいの人は「必要だ」と答えるだろう。自分自身についてはもちろんのこと、親であれば「子どもに考える力を身につけてほしい」と言うだろうし、経営者であれば「考える力のある社員がほしい」と言うだろう。

ところで、だれもがほんとうに考える力が必要だと思っているのだろうか。あらためて問われると迷うのではないか。自分で考えるというのは難儀であり、大きな流れに身をまかせていたほうが楽である。皆と同じように考え、皆と同じことを言っていたほうが世のなかは渡りやすい。皆もそれを期待している。世間でよくいう「もっとよく考えろ」というのは、「自分の頭で考えろ」という場合より、むしろ「まわりの考えに合わせろ」という場合のほうが多いのではないか。

このような現実があるから、自分の子どもにせよ、自分の会社の社員にせよ、自分で考えることより、皆の考えに合わせることに頭を使ってくれたほうが、実際のところはありがたい。考える力が必要なことは重々承知しているが、あまりよけいなことは考えないでほしいというのが正直なところではないだろうか。

これまでの日本はそれでよかった。皆が同じように考え、よけいなことは考えず、よけいなことは言わずに力を合わせてきたからこそ、日本は奇跡的な復興と成長を遂げてきたのだろう。

だが、これからの日本はそれではいけない。すでに皆があまり同じように考えなくなってしまった。価値観の多様化は成熟社会の象徴だというから、日本も成熟社会に移行したということか。また、皆と同じように考えても、いまや安泰な人生は保障されない。成熟社会では「いい大学に行けば、いい会社に入れる」「いい会社に入れば一生安泰」というような「当然のコース」は存在しないのである。よく言えば「人生の選択肢が多様化した」ということなのだが、皆と同じように考えることに慣れた身にとっては、何を頼りに生きていいのか途方に暮れてしまう。

だからこそ、これからは自分で考える力が必要なのである。

これについては異論もあるようだ。すなわち、昔のように皆で同じように考えるようにすればいいというのである。多様化した価値観を、また一つに統合しようということだ。確かに、欧米諸国の考える力を育む教育を見ていると、論理一辺倒で日本人の美意識にはそぐわないような気もする。それに日本社会の同調性はまだまだ強く、小学生でさえ空気を読みながら同調性を確認し合っているほどだから、これは不可能な選択肢ではないのかもしれない。

だが、これからの日本社会がどのように変化していくのか、正確なところはだれにもわからない。世界がどのように変化していくのかも、だれにもわからない。いまなすべきことは、日本や世界がどのように変化しようとも、それに対応できる人材を育てること。いかなる変化にも対応するためには、自分で考える力というのは最低限必要な技能なのではないか。

数多くの学校現場を巡っていてわかるのは、考える力を育む教育の「方法」は決して難しくないということ。難しいのは、その方法を支える「発想」なのである。われわれが発想の転換をはかれないことが、本書で繰り返し述べてきた「対話」の大きな阻害要因になってしまう。

対話とは、「考える個」そして「主張する個」の融合であり、そこからは常に新しいものが生み出されていく。今回の平田さんとの対話は、自分の活動を異なる観点から見直し、多くの発想を得る、よい機会となった。

本書が、読者にも新たな視点をもたらし、発想の転換の契機となれば幸甚である。

二〇〇八年二月二十五日　ロンドンにて

あとがき

平田オリザ

これからの日本社会は、協調性（価値観を一つにまとめる能力）がいらないとは言わないけれど、それよりも社交性（異なる価値観はそのままに、知らない人同士がどうにかうまくやっていく能力）が必要だ。

と、ここまでのことは、多くの方に理解していただけます。ところが、「その社交性をつけるためには演劇が必要です」と言うと、ここのところで、皆さんぽかんとした顔になります。そこでわたしは、以下のような話をよくします。

ニューヨークで十年ほど仕事をしていた日本人俳優が、昨年、わたしの劇団に入ってきました。ニューヨークでも俳優の生活は厳しく、アルバイトをしなければなりません。彼は、とあるコンサルティング会社に勤めていました。

その会社は、主にアジアに進出する企業（日本から見れば「外資」）を顧客とし、事前に想定される衝突を回避するためのシミュレーションを売り物にしていました。そこには、シナリオライターと、アジア各国出身の俳優が用意され、ビジネスの交渉や会議の擬似体験ができるようになっています。彼はそこで、日本人ビジネスマンを演じて糊口をしのいでいたのでした。

このように、現在、日本の経済界が蛇蝎のごとく嫌っている外資系企業も、実は演劇を通じてアジアの人々とのコミュニケーションを学んでから、日本に進出してくるのです。

わたしは現在の状況は、二つの意味で、戦前の日本に似ていると思います。一つは、本文中でも述べたように、世界のルールが変わったことに、日本だけが気がついていないということ。世界のルールは「多文化共生」です。しかし日本だけが、政財界のあり方も、教育の方針も一国鎖国主義です。

それは、一九二〇年代、すでに世界のルールは「民族自決」に傾いていたにもかかわらず、植民地を拡張していった日本の姿と相似形をなします。もちろん、日本の側にもいろいろと言い分はあるでしょう。しかし、ここはひとつ、我慢のしどころなのではないか。

戦前の日本は、この我慢ができずに「西洋はもっと悪いことをやってきたじゃないか」と開き直り、最後は英語を敵性語として排除するといった完全な鎖国政策に走り、精神論だけであの悲惨な戦争に突入していきました。一方アメリカは、戦中から日本語や日本文化を研究し、戦後の日本統治に当たったのは、皆さんのよく知るところです。

いままた、「外資」を「ハゲタカ」とさげすんで、株主総会で自分に都合のいい買収防衛策を決議して、ほっと一息ついているあいだに、彼らは、日本人(他民族)といかにコミュニケーションをとるかを日夜研究し、経済進出の機会を狙っているのです。この認識の差が、もう一つの類似点です。

このままではおそらく、日本は再び、今度は彼我の異文化コミュニケーション能力の優劣によって負けるでしょう。

文人としてのわたしは、日本は滅びると信じていますし、滅びてもかまわないとも思っています。劇作家としてのわたしの仕事は、かつてチェーホフが、百年前に、滅びゆくロシア帝国の人々を愛情を持って描き続けたように、滅びゆく日本人の姿を記録していくことだと考えています。

しかし一方わたしは国立大学に勤務していますので、国家に対して多少の忠誠心はあります（まあ、ほんとうにそれは、ほんのちょっとですが）。自由主義経済の原則からいって、外資が日本に入ってくることはしかたありません。日本の企業も、逆に海外に進出していけばいいだけのことです。しかし、少なくとも、わたしの愛する学生たちが、その企業内で、コミュニケーション能力がないという理由で、あるいは「コミュニケーション能力のない日本人」という偏見によって、奴隷的な労働をさせられることだけは、なんとしても食い止めたい。

そのためにわたしの本業である演劇と、そこに蓄積された知恵が役に立つのなら、やはりそれは、嬉しいことに違いありません。

北川さんとの対談は、わたしに、その可能性を、さらに確信させてくれるものでした。本書を通じて、演劇の有用性を信じてくれる方が一人でも増えることを望みます。

二〇〇八年三月十一日　ブリュッセルにて

ニッポンには対話がない
学びとコミュニケーションの再生

2008年 4 月30日　第1刷発行
2012年 4 月 1 日　第7刷発行

著者　北川達夫・平田オリザ

発行者　株式会社 三省堂
代表者 北口克彦

発行所　株式会社 三省堂
〒101-8371 東京都千代田区三崎町
2丁目22番14号
電話　03-3230-9411〔編集〕
03-3230-9412〔営業〕
振替口座　00160-5-54300
http://www.sanseido.co.jp/

印刷・製本　三省堂印刷株式会社

落丁本・乱丁本はお取り替えいたします
〈ニッポンには対話がない・216pp.〉

ISBN978-4-385-36371-4